CONTRE-AMIRAL RÉVEILLÈRE

Vers l'Inconnu

(AUTARCHIE)

Honorer Dieu,
Aimer l'humanité,
Agir en brave.

(Triades.)

BERGER-LEVRAULT & Cie, ÉDITEURS

PARIS | NANCY
5, rue des Beaux-Arts, 5 | 18, rue des Glacis, 18

1906

Vers l'Inconnu

OUVRAGES DU MÊME AUTEUR

La Conquête de l'Océan. 1 vol. in-12 . . . . 3'50
Un Coup de sonde dans l'océan des Mystères. 1 vol. in-12 . . . . . 2 »
Tutelle et Autarchie. 1 vol. in-12 . . . . 2 »
L'Europe-Unie. 1 vol. in-12 . . . . 2 »
Croix et Croissant. 1 vol. in-12 . . . . 2 »
Recherche d'Idéal. 1 vol. in-12 . . . . 2 »
Extension, Expansion. 1 vol. in-12 . . . . 2 »
Propos d'Autarchiste. 1 vol. in-12 . . . . 2 »
Christianisme et Autarchie. 1 vol. in-12 . . . . 2 »
Sur le Pont. 1 vol. in-12 . . . . 2 »
Méditations d'un Autarchiste. 1 vol. in-12 . . . . 2 »
Mégalithisme. 1 vol. in-12 . . . . 2 »
Politique autarchiste. 1 vol. in-12 . . . . 2 »
Doutes et hypothèses. 1 vol. in-12 . . . . 2 »
Autarchie religieuse. 1 vol. in-12 . . . . 2 »
Libre penseur et Chrétien. 1 vol. in-12 . . . . 2 »
Pensées d'un libre croyant. 1 vol. in-12 . . . . 2 »
Libres Pensées chrétiennes. 1 vol. in-12 . . . . 2 »
Hypothèses et Croyances. 1 vol. in-12 . . . . 2 »
En quête de Lumière. 1 vol. in-12 . . . . 2 »
Espoirs et Doutes. 1 vol. in-12 . . . . 2 »
L'Inaccessible. 1 vol. in-12 . . . . 2 »

(BERGER-LEVRAULT ET Cⁱᵉ, *éditeurs.*)

Gaules et Gaulois. 1 vol. in-16 . . . . 1 »
Énigmes de la Nature. 1 vol. in-16 . . . . 1 »
A travers l'Inconnaissable. 1 vol. in-16 . . . . 1 »
Graines au Vent. 1 vol. in-16 . . . . 1 »
La Voix des Pierres. 1 vol. in-18 . . . . 1 »
Germes et Embryons. 1 vol. in-18 . . . . 1 »
Réflexions diverses. 1 vol. in-18 . . . . 1 »
Le Haut-Mékong. 1 vol. in-8 . . . . 2 »
Cochinchine et Cambodge. 1 vol. in-12 . . . . 3 50
Autour du Monde. 1 vol. in-12 . . . . 3 50
Contre Vent et Marée. 1 vol. in-12 . . . . 3 50
Lettres d'un Marin. 1 vol. in-12 . . . . 3 50
Les Trois Caps. 1 vol. in-12 . . . . 3 50
En Mer. 1 vol. in-12 . . . . 1 »
Récits et Nouvelles. 1 vol. in-12 . . . . 1 »
Mers de l'Inde. 1 vol. in-12 . . . . 2 »
Mers de Chine. 1 vol. in-12 . . . . 2 50
Un Jour à Monaco. 1 vol. in-18 . . . . 1 »
A Barcelone. 1 vol. in-18 . . . . 1 »

(FISCHBACHER, *éditeur.*)

CONTRE-AMIRAL RÉVEILLÈRE

Vers l'Inconnu

(AUTARCHIE)

Honorer Dieu,
Aimer l'humanité,
Agir en brave.

(Triades.)

BERGER-LEVRAULT & Cⁱᵉ, ÉDITEURS

PARIS | NANCY
5, rue des Beaux-Arts, 5 | 18, rue des Glacis, 18

1906

PRÉFACE

Dans une récente promenade à l'île de Batz, je fus pris du désir de revoir l'humble tombe du *chevalier* Trémintin, qu'un habitant de l'île me montra avec orgueil, il y a bien des années (¹).

Trémintin était un maître d'équipage, né à l'île de Batz; il en est le héros à titre de second de l'enseigne de vaisseau Bisson qui se fit sauter avec le *Panayotti* plutôt que de le rendre aux Turcs. Bisson, chargé de conduire cette prise, tomba entre les mains des Turcs;

---

1. D'après la légende, Trémintin fut le seul survivant de la catastrophe. Il a raconté maintes fois l'événement à un de mes amis : il se trouvait à l'arrière lorsque le navire sauta, et il fut projeté à la mer. Lorsqu'il revint à la surface, il s'accrocha à une épave que le hasard fit flotter à la portée de sa main. Il ressentait à la jambe une douleur aiguë. En effet, elle était cassée. Recueilli à la côte, évanoui, il fut soigné par deux femmes qui le cachèrent. Peu de temps après, une barque le reconduisit à bord d'un navire de guerre qui passait.

quand il vit son pont envahi, il se rendit à la soute aux poudres avec une mèche à canon allumée, et le navire explosa.

Je n'ai jamais bien compris comment Trémintin retira sa peau de cette bagarre. Nommé enseigne de vaisseau honoraire à perpétuité (il fut mon ancien pendant bien des années) et décoré (ce qui lui valut le titre de chevalier dans son pays), il finit tranquillement sa vie dans la petite île où il laisse une mémoire légendaire.

Donc j'allai au cimetière où la tombe restaurée ne porte plus l'inscription laconique d'autrefois : « Ci-gît le chevalier Trémintin. »

Mon attention fut bientôt attirée par un puits semblable à nos puits de campagne recouverts par un demi-dôme et je me dis : « Quelle idée bizarre ont eue ces gens de percer un puits dans un cimetière ! » réflexion accompagnée d'idées répugnantes que je tais.

J'allai au puits, il était presque comblé d'ossements ; c'était un pêle-mêle de crânes, de côtes, de fémurs blanchis... Ce puits était un ossuaire.

Il y a encore de la place pour les vivants de l'île et, comme l'accumulation des os est de vieille date, leur poids doit avoir réduit en poussière, ou plutôt en boue, les débris macabres du dessous, décomposés par l'humidité. Il faudra longtemps pour faire le plein. Car entre les os supérieurs il y a de grands vides qui disparaîtront par le tassement, quand de nouvelles couches de défunts se seront superposées aux anciennes.

Les couches sous-jacentes de débris écrasés sont tout ce qui reste de générations disparues. C'est la foule anonyme qui constitue le fonds de l'humanité. Que d'espoirs déçus, de passions, de tortures physiques et morales, de vilenies, de crimes inconnus, de nobles pensées, d'actes d'héroïsme (car c'est une vie d'héroïsme, celle de pêcheur) dont cet amas d'os est le seul vestige !

Cet ossuaire représente encore matériellement toutes les énigmes posées à la pensée humaine depuis toujours.

Depuis lors, le tableau de ce petit cimetière où ressc ' l'ossuaire m'est souvent réapparu et, plus je me rapproche du terme, plus souvent s'offre à ma pensée cette vision mélancolique dans son cadre de silence et de paix.

Outre les questions qu'elle pose, elle met en

un singulier relief la vanité de l'agitation humaine.

Tous ces humbles n'ont-ils eu d'autre raison d'être que de pétrir avec leur poussière le mortier des éphémères monuments dressés sur l'atome qui roule, imperceptible, dans les tourbillons de soleils.

Et nécessairement me passent par l'esprit les vieilles croyances sur l'au-delà.

Celles du Japon, que je relisais par hasard ces jours derniers, me revinrent d'autant plus naturellement à la pensée que je venais de traverser des maisonnettes et des chaumières de petites gens. Après avoir décrit les magnificences du panthéon japonais, M. Michel Revon nous apprend qu'au-dessous du chœur éclatant des âmes des grands prêtres et des guerriers fameux, une foule d'esprits innombrables peuple la terre des vivants. Ce sont les humbles mânes des familles obscures, les morts inconnus qui, par myriades, viennent bourdonner autour des pauvres huttes où de pieux descendants ont gardé leur souvenir. Tous reçoivent ce culte intime qui, de plus en plus, devient la principale religion japonaise.

J'admire sans réserve les hautes conceptions

de Jean Reynaud dans *Terre et Ciel,* elles ne sont du reste que l'adaptation, à la science moderne, des superbes croyances de nos aïeux, si magistralement exposées dans les *Mystères des Bardes.*

Les Druses professent encore aujourd'hui la doctrine de nos pères. Pour eux, ni paradis ni enfer, mais une série d'existences, c'est-à-dire de purifications successives, jusqu'à l'identification avec l'Être suprême.

Vers l'Inconnu

Regretter les morts est bien naturel, les plaindre est absurde.

*
* *

La religion a commencé le jour où l'homme a conféré à des êtres réels ou imaginaires des facultés analogues aux siennes, avec des pouvoirs extraordinaires qu'il fallait se concilier à tout prix.

L'histoire religieuse prouve que le sentiment religieux ne trouve sa pleine satisfaction que dans l'adoration du Dieu transcendant.

*
* *

La raison est la lumière qui nous éclaire, le sentiment est le moteur qui nous fait marcher.

*
* *

Le principe de contradiction est étranger à la logique des sentiments et le sentiment mène la plupart des hommes.

Si, dans les tentations, les chagrins, les souffrances, je trouve un soulagement dans la prière, rien ne me prouvera que j'ai tort de prier. Rien n'ébranlera l'affirmation de Pascal : « Le cœur a ses raisons que la raison ne connaît pas. » L'homme est un être pensant sans l'ombre d'un doute, mais avant tout un être vivant — c'est-à-dire sensible — et quand je souffre et que je trouve un soulagement, vous ne m'impressionnerez guère en me prouvant que j'ai tort d'y recourir.

*
* *

Jamais hommes ne connurent mieux que les Gaulois cette royauté de l'âme, dont la première condition est le dédain de la mort.

*
* *

Je détache cette phrase d'une étude de M. Amélineau sur les dieux de l'Égypte :

« Les serpents étaient regardés en Égypte comme des protecteurs, puis comme la retraite où se réfugiaient les âmes des dieux qui avaient succombé à la mort. »

Les Égyptiens, à cette époque, jouissaient d'une civilisation avancée. Quel abîme entre cette mentalité et la nôtre !

*
* *

Si nous étions pénétrés de cette foi que notre vie présente est l'apprentissage d'une vie supérieure à laquelle nous nous préparons mutuellement par une influence réciproque, nous éprouverions ce sentiment de confraternité de compagnons attelés à une œuvre commune.

*
* *

La souffrance, dit-on, est nécessaire ; elle est le mobile qui nous fait agir.

Il est certain que la souffrance a son utilité. Elle est l'agent du progrès et, sans la souffrance, l'homme, resté à l'état de brute, ne serait plus l'homme.

Éviter la souffrance causée par la faim, jouir du bonheur de la reproduction, ennoblie sous le nom d'amour, sont les mobiles primordiaux de notre espèce.

Il y a des souffrances utiles, il y a des plaisirs nécessaires.

On peut se demander toutefois s'il ne vaudrait

pas mieux ignorer les microbes et ne pas avoir à lutter contre le choléra, la peste et la tuberculose.

On peut se demander, quand un cancer transforme la face humaine en un masque horrible, s'il est bien avantageux pour notre espèce qu'il en soit ainsi.

Vraiment, la souffrance semble trop grande et trop répandue pour l'utile fonction qu'elle remplit. Pour notre jugement, que de souffrances inutiles !

A la rigueur, je comprends les maux humains (il en est qui sont la rançon de notre liberté), mais les animaux souffrent aussi, et je ne vois pas pourquoi.

Je ne range point parmi les vraies souffrances les besoins qui se changent en plaisir quand on les satisfait ; la souffrance-besoin est certainement nécessaire.

Dieu seul connaît la limite de la liberté et du déterminisme ; tout ce que nous pouvons faire, c'est d'en affirmer la coexistence, bien qu'elle soit contradictoire pour nous, hommes.

Si la foi se démontrait, elle ne serait plus la foi,

elle serait la science ; la foi relève uniquement de la conviction morale. Elle évolue comme toute chose ici-bas, mais elle est un indéracinable besoin. Elle est un besoin et un fait ; mais la foi d'aujourd'hui ne sera plus la foi de demain.

*
* *

L'homme sans idéal est une bête moins l'instinct.

*
* *

Ceux-là sont les puissants, qui savent offrir un idéal à l'homme.

*
* *

Une de choses qui rendent très difficile la compréhension des idées religieuses des primitifs, c'est que nous apportons dans nos recherches nos habitudes de logique. Or, rien de plus vain que de demander un peu de logique aux primitifs, du moins dans cet ordre d'idées. Ils accumulent, sans le moindre souci, les idées les plus contradictoires. Je l'ai aussi bien constaté dans la mentalité des vieux Bretons que dans celle des indigènes de l'Afrique et de la Polynésie.

*
* *

« La liberté des actes, dit Claude Bernard, n'existe que dans la période directrice des phénomènes, tandis que toute la période exécutive tombe sous la loi du déterminisme physiologique. »

Il n'y aurait plus de liberté si, quand notre volonté a prononcé, les conséquences de notre détermination ne tombaient pas dans le domaine des lois nécessaires.

*
* *

La croyance en Dieu n'est pas un devoir, c'est un besoin.

Il en est de ce besoin comme de beaucoup d'autres : les uns l'éprouvent, d'autres ne l'éprouvent pas.

*
* *

L'homme vraiment libre se détermine par la raison ; mais combien peu d'hommes ne sont pas plus ou moins esclaves de leur nature animale !

*
* *

Chez les Australiens, la chair de l'émou est rigoureusement interdite aux jeunes gens ; aussi, quand il arrive à un jeune Australien, chassant loin du campement, de tuer et de manger de l'émou, sa conscience lui crie : « Misérable ! tu as mangé de l'émou ! », et il avoue son crime et sollicite le châtiment.

On peut en conclure l'existence de la conscience morale dans l'état social le plus rudimentaire que nous connaissions.

Il faut entendre par conscience morale : 1° l'instinct du devoir ou la reconnaissance de ce fait que nous sommes soumis à des obligations, — bien ou mal comprises, peu importe ; 2° la possibilité de remplir ces devoirs, c'est-à-dire la reconnaissance de la liberté morale ; 3° l'existence du remords dans la société la plus grossière, seul argument valable en faveur de la liberté morale.

*
* *

L'homme de la Terre de Feu, le Calédonien vivraient indéfiniment dans cet état de cannibalisme qui leur plaît et dont ils ne sentent nullement le besoin de sortir.

Les sociétés cannibales (j'ai pu le constater) aiment fort leur genre de vie. Plus l'homme est brute, plus il se complaît dans l'animalité. Il est donc bien difficile de comprendre comment l'homme préhistorique, défini par la science moderne, a pu sortir de la sauvagerie sans une impulsion extérieure.

*
* *

Comment la conscience humaine s'est-elle élevée. de la conscience de l'Australien, qui casse sur une pierre la tête de son enfant malade pour le rôtir et le manger, à la conscience de celui qui a prononcé le Sermon sur la montagne ?

Nous voyons bien l'histoire de ce développement, mais nous n'en voyons pas le moteur.

*
* *

Dans le monde économique, nous tirons tout de la nature, en le transformant. Dans le monde de la pensée, il en est de même ; nous puisons tout dans la nature pour l'appliquer à un usage supérieur qui dépasse la nature.

*
* *

« Pour obtenir une belle mort, il faut d'abord ne pas aimer la vie par-dessus tout ; il faut ensuite aimer quelque chose qu'on ait l'espérance qu'elle vous survivra » ; c'est-à-dire qu'il faut vivre pour un idéal ; d'ordinaire, la paternité remplit cet office ; exceptionnellement, c'est la foi ou la patrie.

*
* *

Notre conscience se dédouble en conscience animale et en conscience humaine. La conscience animale nous est commune avec les autres animaux. C'est la conscience du monde extérieur (chaque espèce a d'ailleurs une conscience spéciale du monde extérieur dépendant de son organisme), c'est-à-dire la conscience des rapports de l'être avec le milieu. La conscience humaine est d'ailleurs personnelle ou générale. La conscience générale est la résultante des consciences individuelles ; la conscience individuelle est le produit de la conscience générale et de notre individualité innée. Des actions et réactions réciproques de l'individu sur la masse et de la masse sur l'individu résulte le progrès humain.

*
* *

Je prétends que, sans rites et sans pratiques, on peut être non seulement religieux, mais profondément mystique.

*
* *

« La vérité est une, dit M. Anesaki, professeur de philosophie religieuse à l'Université impériale du Japon, mais les modes selon lesquels elle s'exprime ne peuvent l'être. » Il n'y a pas de vérité religieuse pour l'humanité terrestre, ni très proba-

blement pour les humanités astrales ; il n'y a que
des sentiments religieux. La vérité religieuse, c'est
l'inaccessible.

*
* *

L'étonnement et l'admiration prédisposent le
primitif au culte.

*
* *

L'intelligence, tant s'en faut, ne constitue pas la
valeur de l'homme. Des principaux facteurs de
cette valeur : intelligence, volonté, moralité, sans
doute la moralité occupe le premier rang, la volonté le second, et l'intelligence le dernier.

La volonté et la moralité constituent le caractère.

*
* *

Dieu
{
l'Éternel, suivant le judaïsme.
l'Être existant par lui-même, suivant
  l'hindouisme.
le Tout-Puissant et Miséricordieux, suivant l'islamisme.
le Père, selon le christianisme.

*
* *

« Il ne suffit pas de faire le bien, dit Kant, il faut le faire par ce seul motif que c'est le bien. »

Faire le bien pour le bien lui-même ; hors de là, il n'y a ni mérite ni vertu.

*
* *

Tout cerveau d'homme est une armoire qui ne peut contenir qu'une quantité déterminée de connaissances.

Vers trente-cinq ans, on a rempli son armoire ; de trente-cinq à quarante, on y met de l'ordre, on classe et l'on fait un choix, notamment on élimine une bonne partie du bagage dû à l'enseignement de l'État, et l'on remplit avec discernement la place laissée vacante. Après quarante-cinq, le contenu de l'armoire se détériore et la faculté de remplacer les objets usés s'affaiblit. Vers cinquante-cinq, la décadence de cette faculté s'accélère. Heureusement, l'expérience vous permet de résoudre des questions dont on avait résolu les similaires dans des temps meilleurs.

*
* *

Quand je passe devant l'étal d'un boucher, je subis la tentation de l'athéisme et du matérialisme.

*
* *

Les criminels sont moins dangereux que les efféminés et les dilettanti ; les premiers font horreur, les seconds gangrènent le corps social.

*
**

Les peuples, en tout, évoluent lentement, mais cette lenteur d'évolution est surtout manifeste en matière religieuse. Dans l'ordre religieux, l'enchaînement est plus continu qu'en tout autre, parce que la religion doit répondre aux mêmes besoins du peuple. Malgré les efforts des réformateurs, la religion est contrainte à se coucher dans ce lit de Procuste que lui font des croyances vingt fois séculaires. Il ne faut pas beaucoup chercher pour retrouver un peu partout des croyances et des pratiques remontant à la préhistoire.

*
**

Le sentiment religieux du civilisé naît de la souffrance morale causée par la conscience de son imperfection, conscience accompagnée d'une aspiration au bien-être intellectuel et à la paix de l'âme.

*
**

Nous méprisons le sorcier, il est cependant le

grand ancêtre de notre civilisation. Il fut le fondateur de la religion, l'initiateur de la science, le promoteur du progrès social.

Sans lui, l'humanité croupirait encore dans son animalité originaire : il a été le premier médecin, le premier prêtre, le premier savant, le premier poète, le premier charlatan.

De la sorcellerie au christianisme le plus épuré, l'évolution est continue.

*
* *

Suivant M. Goblet d'Alviella (un esprit libre et un savant, s'il en est, en matière religieuse), il est puéril, au point de vue moral, de méconnaître l'importance du sentiment religieux, « se bornât-il au sentiment de marcher d'accord avec un pouvoir supérieur qui, selon une expression célèbre, travaille pour la droiture ».

*
* *

La question du rapport entre l'intelligence et le poids du cerveau présente de bien grandes difficultés.

Qu'est-ce que l'intelligence ? Nous ne pouvons guère juger une intelligence que par ses produits, comme nous jugeons un arbre par ses fruits. J'ai connu un homme, au front large, dépensant une prodigieuse activité intellectuelle pour résoudre des casse-têtes chinois. Tel, pour arriver à *la centrale*, dépense autant d'intelligence que Descartes pour conquérir l'immortalité — mérite-t-il vraiment la qualification d'intelligent? Il faut avant tout que la moralité assigne un but à l'intelligence.

Le second facteur est la volonté.

L'homme médiocre, mais moral, avec de la volonté, produit plus d'utilités qu'un intelligent paresseux. La volonté, c'est souvent le génie. Peut-on séparer l'intelligence de la moralité et de la volonté?

La question du rapport entre l'intelligence et le poids du cerveau se complique du rapport entre le poids du cerveau et le poids du corps. Le cerveau d'un géant stupide est plus lourd que celui d'un petit homme intelligent.

*
* *

Certes, le mieux est de vivre honnêtement, mais combien traversent la vie sans faillir?

Nous devons être indulgents pour les faiblesses humaines, mais ce qui est absolument impardonnable, c'est de se dérober aux conséquences de ses actes.

*
* *

Respecte l'homme en toi.

On dit que les vieillards sont maniaques, mais combien sont condamnés à la manie obligatoire !

Dans son étude sur « l'Évolution morale », M. Letourneau compare l'éducation de l'homme au dressage des animaux — comparaison fort juste — mais l'homme dresse les animaux ; qui a dressé et dresse l'homme ? L'évolution. Mais qui dirige l'évolution ?

Le cuirassé et le paquebot géant sont bien des évolutions de la pirogue ; je suis pas à pas toutes les phases de cette évolution ininterrompue, mais dirigée par une intelligence.

Je ne vois pas dans la nature, comme dans l'industrie humaine, l'intelligence agissante, c'est vrai ; mais si invisible qu'elle soit pour moi, je ne puis comprendre une évolution *progressive* sans une intelligente intervention. La concurrence vitale ne me suffit pas.

La société ne vit que par des conventions et sur

des conventions. Où est-elle la société qui ne repose pas sur des conventions ? La société sauvage elle-même vit de conventions, beaucoup plus compliquées qu'on ne le croit communément.

La convention est la forme sociale de la liberté humaine. Dans une société avancée, tout est conventionnel.

Dès que l'homme sort de la pure animalité, il entre sous le régime conventionnel.

*
* *

La connaissance humaine, dit Kant, sort de deux souches (ayant peut-être une racine commune, mais qui nous est inconnue), la sensibilité et l'entendement.

Le progrès véritable est la prédominance de l'entendement sur la sensibilité. Le ménage sensibilité-entendement est un ménage très fécond, mais où l'on est souvent en querelle.

*
* *

Parfois je me sens pris d'aversion pour l'histoire, qui n'est en somme qu'un abominable tissu d'erreurs et d'horreurs. Sur un monceau de sanglants débris et d'ordures, brille une perle du plus pur orient — la douce idylle des bords du lac de Tibériade. Quelques jours de sérénité dans un coin ignoré d'un pays obscur et méprisé, c'est bien peu pour remplir tant de siècles.

*
* *

D'après l'éminent physicien Hirn, il faut admettre une nouvelle substance : « la force ».

Dans cet ordre d'idées, on pourrait construire la série suivante :

L'éther actionne la matière,

La force actionne l'éther,

La vie actionne la force, — la vie coordonne d'une façon spéciale les forces dont l'action sur la matière ne saurait être modifiée.

L'instinct actionne la vie,

L'intelligence dirige l'instinct,

La raison régit l'intelligence.

*
* *

D'après les anciens, la vie est une lutte vaine contre le Destin. Au fond cette doctrine est juste. Du reste, il est bien rare qu'une doctrine très répandue soit fausse de tous points. Oui, nous devons avoir une destinée et très vraisemblablement cette destinée doit être la perfection à laquelle Dieu entend, bon gré mal gré, nous conduire — ce n'est qu'une hypothèse assurément, mais elle est rationnelle.

Nous sommes libres de choisir entre les nombreux chemins qui conduisent au but ; nous pouvons prendre les chemins les plus longs, les plus détournés, les plus pénibles. Mais, heureusement pour nous, nous ne sommes point libres de nous soustraire à notre fin dernière. Ce ne sont là que des suppositions, mais il répugne de penser que notre existence terrestre est sans but ultérieur.

Kant a irréfutablement établi que l'homme ne peut sortir du monde des phénomènes ; mais l'homme n'est pas seulement raison, il est sentiment. Notre vie est un ménage où le sentiment et la raison sont loin de marcher d'accord toujours ; le plus fort l'emporte et, d'ordinaire, c'est le sentiment. Le sentiment, c'est la vie ; or, avant tout, l'homme veut vivre.

Si la raison nous enferme impitoyablement dans le monde de l'expérience et des phénomènes, le sentiment nous arrache à ce monde limité et affirme Dieu.

Il nous est impossible de démontrer l'existence de Dieu, il nous est impossible de le comprendre (comment le fini comprendrait-il l'infini ?) ; mais nous le sentons en nous.

Il est certain que l'astronomie nous a révélé un nouveau Dieu.

Ce n'est plus dans le ciel que nous devons le chercher ; dans cet infini nos poursuites sont vaines. Il est bien là, sans doute ; mais ce Dieu éternel, infini est inabordable. C'est *en nous* que nous devons chercher Dieu et, si nous cherchons bien, nous le trouverons là.

Le Dieu du Ciel n'est pas notre Dieu à nous, chétifs humains, c'est le Dieu de l'Univers ; le Dieu de l'homme nous a été révélé par cette parole : « Le royaume de Dieu est au dedans de vous. »

*
**

Notre existence n'est-elle qu'une succession de phénomènes momentanés se conditionnant dans le temps ? C'est bien possible, mais il nous répugne de le croire.

*
**

Les mathématiques établissent une sorte de transition entre le monde de la nature et le monde de la liberté ; elles tiennent de la nature, par la fixité de leurs lois, et de la liberté, comme pures créations de notre esprit.

*
**

La substance et la cause nous échappent, nous ne pouvons connaître que des rapports. Nous ne pouvons rien percevoir ni de nous-mêmes, ni du monde réel ; nous sentons seulement les rapports du monde réel avec nous.

*
**

Près de Dol, se trouve le *Champ dolent,* ainsi nommé parce qu'il fut, dans le bon vieux temps, un lieu de supplice.

Là se trouve un superbe menhir surmonté d'un crucifix.

N'est-ce pas le symbole de la foi au Dieu-Père, enté sur la vieille doctrine druidique de la transmigration des âmes ?

Cette synthèse de l'Évangile et de la forte foi des Gaules n'est-elle pas, en somme, ce qu'il y a de plus satisfaisant, pour l'esprit et pour le cœur, dans l'incertitude à laquelle nous sommes fatalement voués ?

*
**

M. Flammarion a constaté que les Hyades (fort distantes les unes des autres) étaient associées dans une commune destinée ; nombreuses sont les asso-

ciations d'étoiles dont on peut espérer que l'astronomie découvrira un jour les lois.

*
* *

Tout possible existe, a existé, ou existera, — on
peut même se borner à dire existe — parce que,
dans l'espace infini, la variété des mondes, et par
conséquent des êtres, est infinie.

*
* *

Le déterminisme, dans la nature, est tout ce qu'il
y'a de plus évident ; il ne nous répugne pas moins
dans l'ordre moral comme fossoyeur de toutes les
libertés.

*
* *

La passion, par l'intermédiaire du cerveau, peut
porter à un degré extraordinaire la puissance des
contractions musculaires ; on connaît la force d'un
homme en colère, d'un fou dans un accès.

L'origine de la force peut donc être immatérielle.

La force avec laquelle un muscle se contracte
dépend de son volume et de la puissance de la volonté ; la volonté est donc une force motrice.

*
* *

Si nous nions le surnaturel dans le monde physique, il nous semble tout ce qu'il y a de plus naturel dans le monde moral.

*
* *

Les lignes et les surfaces ne sont pas seulement des objets imaginaires, mais, dans l'ordre physique, des impossibilités ; ce sont de pures créations de notre esprit.

Non seulement toutes nos sciences, mais toute notre industrie, ayant pour fondement la mathématique, il en résulte que toute notre richesse, toute notre puissance matérielle reposent sur des conceptions de notre intelligence.

Le réel n'est qu'une application de l'imaginaire.

*
* *

Il nous importe, à coup sûr, d'être fixé sur les limites de notre faculté de connaître. Kant a bien établi que nous ne pouvons rien connaître en dehors du monde phénoménal. Mais si nous ne pouvons rien *savoir* en dehors du monde des phénomènes, nous avons des raisons de *croire*.

Si le philosophe de Kœnigsberg a irrévocablement fermé la porte du monde transcendental, il l'ouvre involontairement au monde du sentiment. Le sentiment est une faculté humaine au même titre que l'entendement ; tenter de l'abolir serait une vaine entreprise de mutilation dépourvue de toute chance de succès.

Il y aura toujours des mystiques.

*
* *

Pour nous, hommes, il n'y a qu'une réalité absolue, c'est celle de la conscience.

*
* *

La faculté d'être affecté par les objets, dit Kant, précède nécessairement dans le sujet toutes les intuitions des objets. D'après lui encore, nous ne pouvons dire si les intuitions des autres pensants sont soumises aux lois qui gouvernent les nôtres. Il est extrêmement vraisemblable, pour ne pas dire certain, que dans les autres mondes, les intuitions des pensants ne ressemblent en rien aux nôtres. Ce sont d'autres constitutions mentales, impressionnées par des milieux différents. Ni les pensants, ni les objets pensés n'ont là de rapport avec ce que nous connaissons.

*
* *

Est-ce que tout n'est pas illusion ? Il n'y a qu'une vérité, la foi. Quand nous croyons une chose à n'en pas douter, est-ce qu'elle n'existe pas pour nous ? Est-ce que la nature entière n'est pas contenue dans notre cerveau ? En dehors de notre cerveau, existe-t-il des phénomènes ? Le monde réel, le monde vrai reste à jamais impénétrable. Bon gré mal gré, nous vivons par la foi, par cette foi nécessaire que le monde existe hors de nous, tandis que le monde, *tel que nous le connaissons,* n'existe qu'en nous. Toutes les sensations produites en nous par le milieu ne sont que les symboles d'actions sur nous dont nous ne pouvons déterminer la nature. Nous croyons le soleil rouge à l'horizon, nous croyons les arbres de la forêt verts ; il n'y a ni rouge à l'horizon, ni arbres verts ; il n'y a que des vibrations de l'éther ébranlant notre rétine, puis un conducteur transmettant ces vibrations aux cellules cérébrales. Tous les phénomènes se passent dans notre cerveau. Le Moi, tapi sous la voûte cranienne comme une araignée au centre de sa toile, assiste à la féerie jouée dans ce théâtre minuscule.

Le Moi est-il un produit de la nature, comme l'affirme la science ?

Le Moi est-il producteur de la nature comme l'affirme, depuis des siècles, la philosophie hindoue ?

Ces deux thèses contradictoires peuvent également se soutenir.

*
* *

Par la constitution de notre entendement, il nous est impossible de concevoir, autrement qu'au moyen d'attributs qui n'appartiennent qu'au monde sensible, un être que nous distinguons du monde sensible.

*
* *

Dans une des lettres qu'il m'a fait l'honneur de m'écrire, M. Hyacinthe Loyson me dit : « L'agnosticisme bien compris est une des formes les plus hautes de l'adoration .»

D'autre part, son fils me semble exprimer une pensée fort juste, quand il me dit de son côté : « Le sentiment religieux échappe aux distinctions et aux prétentions des idées. »

*
* *

Nous ne connaissons la réalité matérielle que par le témoignage de notre conscience ; en fait, notre conscience est la seule réalité dont nous ayons la certitude.

*
* *

Nous vivons dans un monde de contradictions et d'antinomies, et nous n'avons d'autre ressource pour nous mettre d'accord avec nous-mêmes que d'en confier la conciliation au supra-sensible.

En dépit de tout, le monde sensible est inexplicable sans un monde peut-être improprement nommé supra-sensible ; au-dessous du sensible, seul connaissable, il y a un pouvoir qui le régit.

*
* *

Dans toutes les mythologies, nous trouvons des métamorphoses. Au fond, la nature est une perpétuelle métamorphose, aussi bien pour le savant que pour le primitif. La substance reste inaltérable, ses formes diverses se succèdent à l'infini. L'agent mystérieux de cette métamorphose continue est la mort. Les vivants sont construits de la poussière des morts ; c'est la mort qui alimente le foyer de la vie.

*
* *

Les mathématiques sont une pure production de l'esprit, mais elles ne signifieraient absolument rien sans leur application à l'expérience.

*
* *

Pour obtenir une image, il faut avant tout un miroir. L'homme, en sa qualité d'être sensible, est un miroir dans lequel se réfléchit le monde extérieur. Ce miroir peut être plan, concave, convexe, plus ou moins déformé ; il peut manquer de tain par plaques. L'image dépend autant du miroir que du monde extérieur. Les miroirs humains, plans et sans défauts, sont introuvables.

*
* *

Dans les sciences, l'imagination joue un rôle aussi important que dans les lettres ; seulement, dans celles-ci, elle se donne libre carrière et, dans celles-là, elle reste soumise aux lois de l'entendement.

*
* *

La mathématique établit une sorte de transition entre le monde de la nature et le monde de la liberté ; elle tient de la nature en ce sens qu'elle a la nécessité pour caractère, et du monde de la liberté en ce sens qu'elle est une pure création de l'esprit. Aussi, quand la division du travail était moins avancée, les mathématiciens ont-ils produit d'éminents philosophes.

*
* *

L'existence des phénomènes et la conscience que nous en avons sont une seule et même chose.

*
* *

Les archipels d'étoiles sont en nombre infini dans l'océan des cieux, mais ils ne sont guère visibles qu'avec de puissantes lunettes astronomiques.

Le nombre des amas d'étoiles visibles à l'œil nu est bien restreint. Si les constellations de l'hémisphère boréal l'emportent en beauté sur celles de l'hémisphère austral, celui-ci s'enorgueillit des grandioses nuées de Magellan, près desquelles le Cancer et le joli groupe des Pléiades sont bien peu de chose.

Les Pléiades semblent marcher vers le sud-sud-est, mais nous ignorons dans quelle mesure ce mouvement est réel, parce qu'il est diamétralement opposé au nôtre. Si elles sont à peu près immobiles dans le sein de l'infini, elles nous paraissent naturellement douées d'un mouvement de direction opposé au nôtre. A l'œil nu nous ne voyons que six étoiles, le télescope nous en découvre par milliers. Mais qu'est-ce que cette accumulation de mondes, auprès des univers de Magellan.

Et cette Voie lactée, dont notre soleil est un atome où les étoiles se comptent par millions, n'est peut-être qu'un îlot sans importance dans l'espace éthéré, où fermentent éternellement les dissolutions et les créations nouvelles.

*
* *

Nos aïeux, les Gaulois, représentaient la mort

par une femme jeune et belle tenant un enfant sur ses genoux. D'après cette image poétique, la mort est une renaissance. Quoi qu'il en soit, si, pour l'individu, elle est cruelle, elle est la fée du progrès et la bienfaitrice de notre espèce, et, si nous avions assez de grandeur d'âme pour voir les choses de haut, nous n'éprouverions pour elle que de la reconnaissance et de l'admiration... mais qui ne tient à sa guenille ?

La connaissance humaine, dit Kant, a deux souches sorties peut-être d'une racine commune, mais qui nous est inconnue, la sensibilité et l'entendement.

Cette commune racine inconnue ne serait-elle pas cette chose dont nous ignorons tout, excepté l'existence, à laquelle nous avons donné le nom d'esprit.

Plus on apprend, plus on se sent entouré de mystères ; la nature devient d'autant plus mystérieuse qu'on la fouille plus profondément. Notre ignorance est infinie comme la multitude des mondes de l'univers.

Les lumières de notre science ne servent qu'à

nous faire ressortir la profondeur des ténèbres qui nous environnent.

Quand on a fréquenté les primitifs, on ne doute pas que le monde ne soit beaucoup moins mystérieux pour eux que pour nous. Là où le savant se pose mille questions, mille problèmes, le sauvage ne s'étonne de rien. Ce raisonnement (quand il raisonne) lui suffit : « C'est comme ça, parce que ça a toujours été comme ça. »

Puis il a toujours cette ressource : quand quelque chose l'embarrasse, il y voit l'action d'un esprit ; les esprits sont répartis partout, régissent tout. Les esprits répondent à tout et de tout.

*
* *

Il y a dans les Gémeaux une étoile temporaire, seulement visible au télescope, qui s'élance avec une vitesse inimaginable des profondeurs de l'invisibilité grossissant de trois grandeurs en vingt-quatre heures pour apparaître quelques jours et disparaître encore.

Quelle stupéfiante variété dans les étoiles, et quelle variété elle suppose dans les vivants que ces astres éclairent !

*
* *

Il est bien certain que la science ne nous fera

jamais connaître Dieu — la science ne mène pas à Dieu assurément ; mais c'est une erreur de croire qu'elle nous en écarte. Il y a toujours un abîme entre le monde de la nature et le monde moral. Si la science nous éloigne de Dieu, reste la contemplation de l'Inaccessible ; si nous ne trouvons pas Dieu hors de nous, nous le trouvons en nous.

*
**

La vie est un phénomène qui se manifeste par la matière, mais absolument distinct de la matière.

Il est bien certain que nous, hommes, nous ne pouvons concevoir la vie sans un substratum physique ; mais les conditions de la vie terrestre sont-elles la condition nécessaire de l'existence ? Nous n'en savons absolument rien.

*
**

Nous sommes condamnés à l'anthropomorphisme ; nous avons beau faire, nous ne concevons Dieu que comme un homme très supérieur. Il en est ainsi vraisemblablement pour les humanités des divers mondes. Il y a donc autant de formes de Dieu qu'il y a de mondes à êtres pensants — et la variété des mondes est infinie.

*
**

L'une des étoiles des Gémeaux se rapproche de nous avec une vitesse de quarante-cinq kilomètres par seconde et l'autre nous fuit avec une égale rapidité. De combien de milliards de lieues se sont-elles éloignées l'une de l'autre depuis le temps où les Grecs voyaient en elles des dieux ?

Castor est une triple. La plus voisine de la principale, plus éclatante que la plus éloignée, tourne autour en mille années, la plus petite met trente mille ans à accomplir sa révolution. Pour peu qu'on y vive quelques années, la vie d'un Castorien par rapport à la nôtre est une sorte d'éternité. Peut-être les Castoriens ont-ils vu le système solaire à l'état de nébuleuse.

Je pense souvent à l'époque où les Dinosaures étaient les rois de la création terrestre. La royauté humaine est d'hier. Pendant d'énormes périodes, la vie s'est manifestée sur la Terre par des êtres sans cerveau ou par des brutes colossales, au cerveau nul, uniquement occupées à s'entre-dévorer.

Il est vraisemblable qu'en chaque monde il en est, ou il en a été, de même. Le passé de la Terre tendrait à nous faire croire la plupart des mondes dépourvus d'humanités ; mais ce même passé nous porte à penser aussi que ces mondes, si brutes que soient leurs vivants, sont appelés à se peupler des humanités les plus brillantes.

*
* *

Il y a dans les Gémeaux une étoile de neuvième grandeur, environnée d'une grande nébulosité gazeuse circulaire. Selon toute probabilité, c'est un soleil en train de se confectionner des planètes.

*
* *

Pour Tertullien, comme pour les vieux Égyptiens, l'âme était matérielle. Dans les légendes de nos pays, l'âme des grands criminels sort de leur corps sous la forme d'un corbeau ou d'une chauve-souris.

*
* *

La matière se meut dans l'espace, l'esprit se développe dans le temps.

*
* *

Si l'homme, dit Helvetius, au lieu d'avoir des mains, avait eu des sabots comme le cheval, malgré toute son intelligence, il n'eût pu inventer les merveilles par lesquelles il a fait éclater son génie.

Le singe a notre main, mais il n'a pas notre cerveau. Dans l'animal humain, la main est une moitié de l'homme et le cerveau l'autre moitié.

Mais l'homme est-il homme parce qu'il a son cerveau et sa main, — ou a-t-il ce cerveau et cette main parce qu'il est homme ?

La sauvagesse pousse des cris rauques avec le gosier de la Malibran. Le sauvage a les mêmes organes que le civilisé, qui en tirera un meilleur parti plus tard, — le cerveau qu'il possède ne semble pas lui être utile. La formule « la fonction crée l'organe » est-elle toujours vraie ? Pour l'homme on en peut douter.

Ce que nous appelons l'âme des êtres animés est-il la résultante de leur organisme ? — ou l'âme est-elle un principe inconnu qui a la propriété de grouper les atomes en vibration, pour en construire les organes dont il a besoin afin d'entrer en rapport avec le monde extérieur ?

Je pense que nous n'en savons rien ; mais j'estime la seconde hypothèse aussi possible que la première.

*
* *

Nous n'avons qu'une certitude, c'est que nous vivons dans un monde d'apparences et que le monde de la réalité est à jamais fermé pour nous.

*
* *

Dans une de ses lettres, M. Paul-Hyacinthe Loyson m'écrit : « Dieu m'apparaît comme impossible et nécessaire (je dis le Dieu juste), aussi je m'abs-

tiens de le penser pour le sentir — j'ouvre les yeux
et je ne le vois pas dans l'univers — je les ferme et
je sens sa puissance en moi. »

*
* *

Le symbolisme, condamné il est vrai par l'Église,
sauve le droit de la conscience de se suggestionner
par des rites pour arriver au bien.

*
* *

Il est inadmissible que le monde spirituel ne soit
pas régi par des lois comme le monde matériel.

*
* *

La constellation des Gémeaux contient un amas
d'étoiles visible à l'œil nu (assez difficilement d'ailleurs). Cette petite tache blanchâtre renferme des
centaines d'étoiles ; elle offre un spectacle merveil-
leux, qu'on ne peut contempler à la lunette, dit
Flammarion, sans exclamation !

*
* *

D'ordinaire l'athée passe son temps à injurier le
bon Dieu, pour se convaincre qu'il n'existe pas —
on n'injurie pas le néant.

*
* *

La faculté la plus puissante est l'imagination, la plus utile est le jugement.

L'union de l'imagination et du jugement, c'est le génie.

*
* *

A l'origine, la religion n'est qu'une superstition grossière, parce qu'elle est le premier balbutiement de la pensée humaine devant des phénomènes qu'elle ne peut s'expliquer — et qu'elle ne s'explique pas toujours encore ; car si elle a beaucoup déchiffré dans le monde de la nature (où cependant le connu est bien peu de chose par rapport à l'inconnu), les découvertes dans le monde spirituel sont bien minces.

Malgré ses aberrations, cette superstition grossière, à titre de premier pas de la pensée humaine, n'en mérite pas moins notre reconnaissance — car toute notre civilisation vient de là.

*
* *

La Bible admet très bien que Yaveh séduise David pour le châtier ensuite. On retrouve la même croyance dans le « Pater » : *et ne nos inducas in tentationem*, dont on m'apprit dans mon enfance la traduction suivante : « ne nous laissez pas succomber à la tentation », traduction inexacte, mais excellente.

*
**

L'Église rend sensible aux fidèles l'objet de la foi par les actes symboliques de la liturgie, et la liturgie arrive ainsi à être tout le dogme pour les fidèles.

*
**

Pendant cent-cinquante ans, les Jésuites ont été les souverains maîtres des Guaranis ; au Paraguay, nulle autorité jalouse, nulle influence venue du dehors ne les contrecarrèrent dans leurs desseins. Ils purent à leur gré façonner des âmes neuves. Qu'en firent-ils ?

Vivant en communauté sous une règle de fer appliquée par une hiérarchie inflexible, les Révérends Pères dotèrent naturellement les Indiens de leur régime communiste.

Les Guaranis travaillaient sous la férule des Révérends Pères et le produit de leur travail passait tout entier entre les mains de leurs maîtres. Ceux-ci prélevaient d'abord la redevance au roi d'Espagne, puis distribuaient aux Indiens le nécessaire. Bien entendu, les indigènes n'avaient rien à voir dans la comptabilité de l'exploitation.

Pour conserver leur prestige et leur autorité, les Jésuites ne permettaient à leurs ouailles la connaissance d'aucune langue étrangère ; tout commerce, tout rapport avec l'extérieur ne s'opérait que par leur intermédiaire.

Dans cette république, le Jésuite seul est homme. L'Indien, maintenu toute sa vie dans l'enfance, tenu en lisières de la naissance à la mort, ne peut, pour tous les actes de sa vie, échapper à la minutieuse surveillance des Pères. Le régime n'était rien moins que débonnaire et le fouet y jouait un rôle de premier ordre. Pour des fautes légères, femmes et vieillards étaient fouettés en public.

L'Indien ne devait jamais regarder un Jésuite en face, et devait baiser le bas de sa robe quand il passait.

Aucun détail de la vie n'échappe au contrôle : une clochette passe, le matin, dans les rues un peu avant le moment du lever, pour engager les époux à travailler à la multiplication de l'espèce. Malgré cette précaution, la population a peine à se maintenir à son niveau dans ce pays si fertile et si naturellement riche.

Autour de cette étrange société règne un calme de mort ; nul bruit ne s'en échappe.

Quand les Jésuites furent chassés du Paraguay, on n'y trouva qu'un peuple de marionnettes.

*
* *

Philippe le Bel s'insurgea contre la papauté ; il trouva, en Boniface VIII, un rude adversaire. Depuis, la royauté, sortie des langes de la féodalité, ne cessa d'aspirer à son affranchissement de la tutelle des Papes et, quand le protestantisme parut, elle alla jusqu'à lui prêter l'oreille.

Pour étouffer ces velléités d'indépendance, les Pères n'hésitèrent point à opposer les peuples aux rois. Pourvu qu'ils gouvernent, que ce soit à l'ombre de la royauté absolue ou de la démagogie, peu leur importe. Ils sont l'âme de la Ligue, transforment les églises en clubs. Sous leur inspiration, les curés de Paris lancent du haut de leurs chaires de furibonds appels égalitaires. Ils dirigent le sanguinaire conseil des Seize, dont la commune de Paris de 93 ne fut qu'une image effacée.

Publiquement, ils prêchent l'assassinat du roi.

*
* *

Le premier pouvoir que l'Église conférait aux prêtres était celui de chasser les démons ; la rareté des possessions en ce siècle incrédule a fait réserver l'exorcisme aux évêques. Remarquons qu'une notable partie des miracles, tant des apôtres que de Jésus-Christ, sont des exorcismes.

Mais si tous ces miracles sont attestés par une tradition respectable, ils ne sont pas les seuls. Le paganisme compte à son actif des prodiges de tous genres appuyés sur les témoignages des historiens les plus graves de l'antiquité. Les premiers Pères ne songèrent point un instant à nier ces faits étranges ; sans balancer, ils les admirent comme l'œuvre de l'esprit du mal.

Saint Justin se pose cette question embarrassante : « Si Dieu est le maître de tout ce qui est, comment laisse-t-il le pouvoir miraculeux d'Appolonius s'exercer sur la création ? »

Saint Augustin, interrogé sur le même sujet, répond : « Les démons peuvent opérer des prodiges qui, sans avoir la réalité de ceux des anges, en ont les apparences. »

*
**

Hiéroclès, gouverneur de l'Égypte, écrit : « Cet Appolonius, ce mortel qui fit tant de choses étonnantes, nous ne le regardons pas comme un dieu, mais comme un mortel chéri des dieux. »

En parlant d'Appolonius, Vopiscus s'exprime en ces termes : « Il a ressuscité des morts, il a fait une multitude de choses qui surpassent l'humanité. »

Philostrate, secrétaire de l'impératrice Julie, femme de Sévère, dit de ce personnage : « Sa mère, étant enceinte de lui, eut une vision dans laquelle elle vit Protée, dieu d'Égypte qui, selon Homère, prend différentes formes. Sans s'épouvanter, elle demanda ce qu'elle mettrait au monde. — Moi, répliqua le dieu. — Et qui êtes-vous ? — Protée, dieu d'Égypte. » Les habitants disent qu'au moment où Appolonius naquit, un éclair qui semblait tomber du ciel en terre remonta aux régions les plus sublimes de l'air et s'évanouit.

C'est l'annonciation et l'incarnation, dont tant de religions offrent des exemples.

*
* *

Si l'on songe aux prodiges cités dans Tacite et dans les plus sérieux écrivains de l'antiquité, on se convaincra de la facilité avec laquelle les hommes de ce temps poétisaient et transformaient les faits.

Si nous rapprochons la doctrine de l'unité de Dieu (superposée au polythéisme), généralement adoptée dans les écoles, de la doctrine du logos, de la croyance populaire à l'incarnation de nombreuses divinités, nous conclurons à l'harmonie fondamentale du christianisme avec la mentalité du monde païen.

Si nous considérons les travaux de l'école alexandrine ou judéo-alexandrine, nous comprendrons comment le christianisme pouvait aisément sortir du courant religieux d'alors. Le christianisme est bien un germe juif transplanté en une terre païenne très favorable à son développement.

*
* *

Saint Clément d'Alexandrie nous apprend comment, de son temps, les lettrés devenaient chrétiens.

Platonicien zélé, il voyage pour accroître ses connaissances. Arrivé à Alexandrie, alors foyer des lumières du monde, il rencontre de nombreux platoniciens ralliés au christianisme. Il suit leur exemple. Ses prédications ont un succès énorme, et saint Panthène le désigne pour son successeur.

La façon de procéder de saint Clément nous éclaire sur les origines du développement chrétien dans le monde grec. Il établit d'abord le platonisme, puis il montre les rapports de cette philosophie avec le christianisme et comment les doctrines chrétiennes comblent les lacunes du platonisme.

Suivant Clément, les philosophes sont les prédécesseurs du Christ.

Les philosophes grecs ont bien été les prédécesseurs du christianisme tel qu'il a triomphé, mais pas du christianisme tel que Jésus l'avait pensé.

Tandis que l'Église constituée reliait uniquement la doctrine chrétienne au passé hébraïque, les premiers Pères, et plus que tous Clément, découvraient des analogies, non seulement dans les écrits des philosophes et des poètes, mais dans la mythologie et le culte des divinités païennes. Telle est peut-être la raison qui conduisit l'Église catholique à le biffer de son calendrier. Espérons, pour lui, que si Rome l'a découronné, il n'en porte pas moins sa couronne dans le ciel.

*
**

Suivant saint Augustin, la centralisation romaine prépara la diffusion du christianisme.

Le césarisme nécessitait une révolution, cette révolution fut le christianisme.

Le césarisme fut la victoire de la plèbe sur le patriciat au moment où la conquête du monde assurait à la populace romaine *panem, circenses, lupanaria* et *balnea*. La Sicile et l'Égypte donnaient leurs grains, la Grèce ses vins et ses artistes, l'Asie son or et ses courtisanes, les barbares des gladiateurs. Le pillage du monde s'organise pour fournir aux folies impériales et aux dépravations romaines. Mais les autres plèbes, qui défrayent la fainéantise et la luxure des maîtres du monde, vont se coaliser contre la cité impériale et, comme Rome semble invincible par les armes, c'est par le christianisme qu'elles vont battre en brèche le vieil édifice vermoulu.

*
**

Si l'incarnation de la divinité et les miracles étaient conformes aux préjugés du temps — si les dogmes fondamentaux du verbe et de l'unité de Dieu avaient été élaborés dans les intelligences païennes — si le christianisme a paru au moment où une révolution morale était nécessaire — s'il apportait les éléments de rajeunissement à une société mourant de décrépitude, son avènement et son développement rentrent dans la norme des choses.

*
**

Si Socrate n'est point damné, l'homme peut se sauver par ses propres forces, le sang du Christ n'est point nécessaire au rachat de la faute originelle, le dogme de la rédemption s'écroule. Il est vrai que le dogme de la rédemption n'a jamais fait partie de la doctrine personnelle de Jésus.

*
**

C'est depuis le schisme de Henri VIII et l'abolition des couvents que l'Angleterre a marché vers son développement actuel. La prospérité de la Hollande, après sa révolte contre les Espagnols, n'a pas d'autre cause.

Lorsque Philippe II s'empara du Portugal et

ferma l'entrepôt de Lisbonne aux marchands hollandais habitués à y acheter les marchandises de l'Orient, ceux-ci allèrent les acheter directement aux Indes où ils jetèrent les fondements de leur puissance coloniale. C'est ainsi qu'une boutade religieuse d'un mauvais prince commença la décadence de la puissance maritime de l'Espagne.

*
* *

Sous l'autorité des prophètes, les juifs attendaient un roi qui rétablirait l'unité et la puissance d'Israël ; ils attendaient un roi semblable à Salomon, rayonnant de richesse et de gloire, admiré par les princes des nations, comme le fils de David par la reine de Saba. Ce roi si ardemment désiré s'appellerait le Messie ou le Christ.

*
* *

Moïse est, avant tout, un chef temporel ; il est bien plus législateur que pontife. Jésus est l'homme de l'idéal et du monde moral. Son règne n'est pas de ce monde, il dédaigne le pouvoir temporel et n'aspire qu'à la domination des cœurs, il veut plutôt être aimé qu'obéi. Moïse ne connaît pas la division du spirituel et du temporel. Jésus a changé la face du monde par sa réponse du denier de César. Les vues de Jésus embrassent l'humanité entière ; Moïse a légiféré pour Israël.

Moïse ignore l'immortalité de l'âme. Quand Jahvé veut punir, il fait périr les troupeaux ou empêche les semences de germer. Moïse fait lapider, Jésus menace de la privation du royaume de Dieu.

La religion de Moïse est la clef de voûte d'un ordre social, elle est un moyen de gouvernement. Jésus demande aux hommes de s'aimer dans une société libre.

Moïse défend aux juifs d'emprunter aux étrangers, leur conseillant de prêter au contraire, leur promettant à ce prix la domination du monde. Qu'il y a loin de ces recommandations à l'exquise délicatesse de Jésus !

*
* *

Moïse ne croyait nullement promulguer un contrat transitoire entre Jahvé et le peuple d'Israël ; il le considérait bien comme définitif. Telle était certainement la pensée des juifs. Pour eux, le Christ, roi temporel, n'avait pas pour mission de modifier ni les lois, ni le culte révélés par Dieu même, mais seulement de rendre au peuple d'Israël son ancien lustre et d'établir sa domination sur toutes les nations. Même les prophètes ne songèrent jamais à la révolution toute spirituelle de Jésus.

Avant les prophètes, la monolâtrie juive n'était guère, en somme, moins matérialiste que le polythéisme grec. Mais la condamnation de toute représentation imagée de Jahvé contenait un germe fécond et, tôt ou tard, la monolâtrie mosaïque devait s'épanouir en monothéisme universaliste, en doctrine du Dieu secourable, vivant et personnel, qui est la doctrine la plus répandue dans le monde civilisé.

*
* *

« Vous n'êtes que poudre et vous retournerez en poudre. » Cette malédiction divine empêcha longtemps les Israélites d'admettre l'immortalité de l'âme. Elle fut la cause de la séparation du Mosaïsme en deux sectes, dont l'une, celle des Sadducéens, repoussa toujours la doctrine de la résurrection.

*
* *

Dieu profite du sommeil d'Adam pour lui enlever une côte. Par ce mythe, la Genèse consacre l'infériorité de la femme ; quand l'homme prend femme, il ne fait que rentrer dans son bien.

L'amour semble étranger à la Bible, il n'y est point question de l'union de deux cœurs. Après la grande affaire de se confectionner un héritier, il n'y a place que pour la volupté. Jacob épouse les deux sœurs et leur adjoint pour concubines deux servantes.

*
* *

GENÈSE, chapitre III, verset 8 : « Et comme ils avaient entendu la voix du Seigneur qui se promenait dans le paradis, après midi, lorsqu'il s'élève un vent doux, ils se retirèrent. »

Il est bien en harmonie ce Dieu avec les premières efflorescences de la pensée religieuse chez des primitifs. Certainement il nous fait sourire, c'est bien un rêve d'enfant. Mais cet embryon de Dieu, si enfantin qu'il soit, est déjà bien supérieur aux dieux des autres mythologies. C'est l'enfance de cette divinité qui deviendra le respectable Dieu juste des prophètes — et qui montera, avec les astronomes, au rang de Dieu transcendant de l'Univers, créateur à l'infini de plus de soleils et de mondes planétaires qu'il n'y a de grains de sable aux bords de l'Océan.

*
* *

GENÈSE, chapitre VIII, verset 16 : « Dieu dit à la femme : Je vous affligerai de plusieurs maux pendant votre grossesse ; vous enfanterez dans la douleur ; vous serez sous la puissance de votre mari, il vous dominera. »

Notre mère avait sans doute, avant sa faute, une organisation tout autre que celle de la femme de nos jours ; la mère Ève n'était point bâtie comme la femme que nous connaissons. Les mêmes organes auraient entraîné les mêmes désagréments.

*
* *

Genèse, chapitre III, verset 22 : « Et il dit : Voilà Adam devenu comme l'un de nous, sachant le bien et le mal. Empêchons donc maintenant qu'il ne porte la main sur l'arbre de vie et que, mangeant, il ne vive éternellement. »

Si l'on prend l'écriture à la lettre, tout cela n'a pas le sens commun.

La solution de l'énigme est que l'homme veut, à toute force, expliquer sa raison d'être — avant l'étude approfondie de la nature, il invente des symboles et des fables, dont il se contente comme un enfant qu'il est. Il est vrai qu'après cette étude de la nature, il n'est guère plus avancé à cet égard qu'auparavant. Il a commencé par des idées fausses, maintenant il n'a plus d'idées du tout — c'est le progrès.

*
* *

Le Dieu de la Genèse est un dieu en bas âge, mais c'est un enfant plein d'avenir.

Le Dieu devant lequel s'incline la majorité du monde civilisé est le développement de ce dieu primitif, beaucoup plus homme que Dieu, qui se promenait dans le paradis terrestre.

Genèse, chapitre VI, verset 2 : « Or il y avait des sur la terre en ce temps-là. Car depuis que les enfants de Dieu avaient épousé les filles des hommes, il en sortit des hommes qui furent grands et fameux dans le siècle. »

Voilà une histoire qui ressemble fort à celle des Titans. Le géant se retrouve dans les légendes du nord, dans le centre de l'Europe, en Asie. La mentalité humaine primitive est partout la même, elle est moins variée que la peau des gens.

Genèse : « Dieu se repentit d'avoir fait l'homme, touché de douleur jusqu'au fond du cœur.... »

Ce dieu faillible est bien celui qui jasait dans le paradis avec Adam et qui mangera de la galette sous la tente d'Abraham.

Mais comment arranger le déluge avec la rédemption ?

Aussitôt qu'Adam, par sa désobéissance, attire le céleste courroux sur les pauvres humains, le Verbe intercède et s'offre lui-même en expiation — l'offense, disent les théologiens, exigeant une victime théandrique et l'homme coupable ne pouvant se racheter lui-même. Le Verbe s'étant offert en expiation et l'offre ayant été acceptée, Dieu n'avait plus le droit de noyer l'espèce humaine.

* *
* *

Il fallait qu'Abraham eût une bien piètre opinion du bon Dieu pour croire un instant à son ordre d'égorger son enfant. Cette légende sent le voisinage de Moloch.

Abraham était un bien brave homme, aussi Dieu le traitait en camarade. C'était d'ailleurs un mari philosophe. Le Pharaon lui prend temporairement sa femme (que le patriarche, il est vrai, faisait passer pour sa sœur), mais il lui donne en compensation « des brebis, des ânes, des serviteurs, des servantes, des ânesses et des chameaux ». Abraham se console avec les servantes et les chameaux.

C'était dans la destinée de Sara d'être plus d'une fois enlevée et de rapporter encore à son mari des chameaux et des ânes. Abimélech l'enlève, mais, cette fois plus heureuse (ou moins heureuse), Sara ne fut point « touchée ». On n'en sera point surpris si l'on songe « que ce qui arrive d'ordinaire aux femmes avait cessé en Sara », chose assez naturelle puisqu'elle avait atteint sa quatre-vingt-onzième année. Jusqu'à l'extrême vieillesse, Sara fut donc une femme d'excellent rapport.

*
* *

Au dernier moment Jahvé arrête Abraham dans l'immolation de son enfant, se montrant ainsi plus pitoyable pour le fils du patriarche que pour son propre fils.

On ne saurait d'ailleurs trop insister sur ce point capital : on ne trouve aucune trace de la doctrine de la rédemption dans les synoptiques, invention paulinienne des plus malheureuses.

*
* *

A l'affirmation des philosophes de l'antiquité que l'univers existait de toute éternité, les Pères répondaient : Puisque l'univers est limité dans l'espace, il doit être limité dans le temps. Telle est l'argumentation de saint Augustin et de saint Thomas ; le premier dit : « Que ceux qui tout en demeurant d'accord que Dieu est le créateur de l'univers, demandent que nous les satisfassions suivant le temps, examinent eux-mêmes ce qu'ils ont à répondre touchant l'espace. Car, comme ils nous demandent pourquoi l'univers a été créé alors, plutôt qu'auparavant, on peut leur demander pourquoi il a été créé au lieu qu'il est plutôt qu'ailleurs. S'ils se rapportent à ces durées infinies qui auraient précédé la naissance du monde, et pendant lesquelles il ne leur semble pas possible que Dieu soit resté sans rien faire, qu'ils se rapportent aussi à ces espaces infinis qui existent en dehors du monde et dans lesquels on ne veut pas que le Tout-Puissant puisse demeurer oisif, il faudra de toute nécessité admettre avec Épicure un nombre infini de mondes. »

Cette hypothèse de l'infinité de l'univers, avancée par le génie d'Épicure, ne fait plus doute pour le moderne astronome, nous avons donc le droit de dire à saint Augustin : puisque l'univers est infini dans l'étendue, sa durée doit être éternelle dans le temps.

Dieu, se contemplant de toute éternité dans le vide, rappelle la fable de Narcisse, amoureux de lui-même, et qui, passant ses jours à se mirer dans une fontaine, mourut de chagrin de ne pouvoir saisir l'objet de son ridicule amour. Encore Narcisse avait-il un miroir dans la fontaine.

*
* *

Dans une étude approfondie de Roger Bacon, M. Picavet dit que ce grand homme aurait voulu que les théologiens ne se contentassent pas des traductions bibliques et qu'ils partissent des textes. Ils se seraient mis ainsi dans l'obligation d'examiner l'antiquité des manuscrits pour en déterminer la valeur. Ils auraient alors concouru, avec les historiens et les savants, aux progrès de la critique historique. — Mais l'Église est-elle si friande de critique historique ?

***

Un grand studieux de mes amis, qui a personnellement connu Renan, m'écrit :

« Taine était très réactionnaire, surtout depuis la Commune, mais Renan l'était bien plus encore — ce qui ne l'a pas empêché d'être glorifié avec un enthousiasme extraordinaire par ces mêmes démocrates anticléricaux, voire antichrétiens, qu'il avait toute sa vie traités de « Philistins ». Ainsi va le monde. »

C'est bien, il est vrai, le fait des cléricaux, qui ont fait de la *Vie de Jésus,* l'œuvre la plus religieuse de notre temps, un livre abominable.

Mais pouvaient-ils autrement ?

***

Il semble bien, comme l'affirme M. Hyacinthe Loyson, que Jésus n'a pas cessé d'être juif. En effet, la première Église, celle que fondèrent les apôtres (et tout particulièrement Pierre), fut l'Église judaïque de Jérusalem. Elle reconnaissait deux chefs : Jacques « frère du Seigneur », son premier évêque, et Caïphe, qui avait condamné Jésus, mais qui n'en était pas moins le grand prêtre de la synagogue, dont les apôtres ne voulaient se séparer à aucun prix. Ces judaïsants (qui ne portaient pas le nom de chrétiens) avaient deux cultes, l'un public dans le temple, et leur culte particulier dans lequel on rompait le pain et l'on vidait la coupe de la Cène.

Jésus n'a institué aucune religion, pour deux raisons, selon M. Hyacinthe Loyson : la première, c'est qu'il était juif et entendait rester tel ; la seconde, c'est qu'il croyait la fin des temps assez proche pour rendre inutile toute institution durable.

Les moines de Berne de 1509 qui firent apparaître et parler la Vierge seraient tout au plus passibles aujourd'hui de la police correctionnelle ; les rigueurs du temps les conduisirent au bûcher.

Ils avaient trop tendu la corde.

Ayant très bien réussi dans leurs premières apparitions, ils en abusèrent. La tentation était grande, le couvent en tirait honneur et profit. Peut-être eût-on été moins sévère envers eux, s'ils n'avaient été les adversaires déterminés des *immaculistes*. Ils avaient eu, en effet, l'idée originale de faire parler la Vierge contre le dogme de cette immaculée conception que l'excellent Pie IX finit par faire triompher.

*
* *

Avant la séparation de l'Église et de l'État, l'Église était la *mère des fidèles;* elle devient une *associée* des fidèles ; c'est toute une révolution.

*
* *

Selon M. Anesaki, professeur de philosophie religieuse à l'Université impériale du Japon, le Bouddhisme, sortant du Brahmanisme, est plus intellectuel ; le Christianisme, sortant du Judaïsme, est plus émotionnel.

C'est la force du Christianisme d'être la religion du cœur.

La religion n'a pas pour but de satisfaire l'intelligence — mais on a le droit de lui demander de ne pas la contrarier.

*
* *

« Le Seigneur, dit saint Augustin, a voulu faire des chrétiens et non des mathématiciens. »

Rarement on a marqué avec plus de force que le grand évêque d'Hippone la distinction entre le sensible et l'intelligible, du phénomène et de l'être, du relatif et de l'absolu, qui fonde chez Kant et Spencer la distinction de l'ordre scientifique et de l'ordre religieux.

« Voici, dit saint Augustin, la différence à établir entre la sagesse et la science. A la sagesse appartient la connaissance des choses éternelles, à la science la connaissance raisonnée des choses temporelles. »

Il en conclut l'indépendance de la science, notamment de la physique.

« A propos de la terre, du ciel... il arrive qu'un savant possède une connaissance garantie par l'expérience et des calculs certains. »

Il demande aux chrétiens d'accepter ces connaissances scientifiques au lieu de leur opposer des textes de la Bible interprétés d'une façon littérale et étroite.

Si l'Église s'était souvenue des conseils de son grand docteur, elle eût évité plus d'une erreur.

* *
*

« Dieu, dit la *Gazette de France,* peut pardonner les crimes contre lui ; mais jamais il ne pardonne les insultes contre la mère du Christ. »

C'est le cas de se souvenir de la parole de Cornély : « Quand on fait parler Dieu, il faut bien se garder de lui faire dire des bêtises. »

* *
*

La parole arrachée à Jésus par les souffrances de la croix (probablement la plus authentique) : « Mon Dieu, mon Dieu, pourquoi m'avez-vous abandonné ? » a disparu du IIIe et du IVe évangile. Au temps de leur rédaction, cette parole ne semblait plus admissible. En dépit de toutes les arguties théologiques, elle est peu compatible avec le dogme de la rédemption. Pourquoi cette parole, puisque Jésus, depuis la faute d'Adam, s'était offert pour notre rachat par ce sacrifice et qu'il ne s'était incarné que pour être crucifié ?

* *
*

Le christianisme a bien moins vaincu le monde païen qu'il n'a été corrompu par lui.

* *
*

Certes bien des divergences dogmatiques différencient le protestantisme français du catholicisme romain. Mais là n'est pas le fossé le plus profond qui les sépare : ce fossé infranchissable est dans la conception du principe d'autorité. Le catholicisme est une monarchie où l'autorité descend du pape au peuple par le canal du clergé ; dans le démocratique protestantisme français, qui est une république communale, la paroisse est autonome et la conscience de chacun fait seule autorité.

*
* *

Pour les stoïciens, Hermès n'était autre que le logos qui nous fait participer à la pensée divine.

*
* *

Dans sa *Vie de Jésus,* Renan décrit, après la fustigation, le défilé moqueur et outrageant des soldats romains devant le condamné. Il ajoute : « On comprend difficilement comment la gravité romaine se soit portée à des actes aussi honteux. Il est vrai que Pilate, en sa qualité de procurateur, ne disposait guère que de troupes auxiliaires. Des citoyens romains ne seraient jamais descendus à de pareilles indignités »

Cet épisode de la Passion a été fort discuté par

les critiques et nombre d'entre eux l'ont rejeté comme non historique. Le doute surgit devant les réflexions de Renan ; d'autre part, on se demande si cette scène tragique a pu être inventée de toutes pièces. M. Vollmer prétend en trouver l'explication dans la fête babylonienne de Sacara, qui se maintint pendant longtemps dans diverses parties de l'empire romain, fête pendant laquelle un condamné à mort était traité en roi.

*
* *

Parmi les plus remarquables miracles de l'antiquité, on distingue une guérison d'aveugle citée par Tacite (*Histoires*, liv. IV, chap. LXXXII). Elle offre une extraordinaire analogie avec les guérisons de même nature rapportées par les Évangiles.

Tacite, contemporain du fait, en parle comme un homme qui a connu des témoins oculaires, il ne soupçonne aucune supercherie ; il écrit longtemps après que Vespasien ne peut plus lui être utile.

« Pendant les quatre mois que Vespasien passa à Alexandrie... un homme de la lie du peuple connu pour aveugle vint se jeter à ses genoux en le suppliant de le guérir... il conjurait le prince de lui humecter les yeux avec sa salive... un autre perclus d'une main priait l'empereur de marcher sur cette main. »

Vespasien fait ce qu'on lui demande. « A l'instant le paralytique recouvra l'usage de sa main et l'aveugle revit la lumière. »

En regard de ce miracle païen, plaçons un miracle chrétien, apostolique et romain. Ce miracle n'est plus cité par un seul écrivain, il est raconté dans une lettre écrite en commun par plusieurs évêques à Louis le Germanique.

« Saint Euchère, évêque d'Orléans, qui repose maintenant dans le monastère de Saint-Trudon, étant en oraison, fut ravi dans la vie éternelle, et là entre autres choses que lui montra le Seigneur il vit le prince Charles Martel livré aux tourments des damnés dans les plus basses régions de l'enfer. Saint Euchère demandant à l'ange, son guide, quelle en était la cause, l'ange lui répondit que c'était par le jugement des saints dont il avait dérobé les biens, et qui, au jour du jugement dernier, siégeront avec Dieu pour juger les hommes.

« Saint Euchère, revenu à lui, envoya chercher saint Boniface et Fulrad, abbé de Saint-Denis et premier chapelain du roi Pépin, leur raconta ces choses et leur dit d'aller visiter la sépulture de Charles, afin que s'ils n'y trouvaient pas son corps, ils crussent à la vérité de son récit. Ceux-ci, se rendant au monastère de Saint-Denis où avait été enterré Charles, firent ouvrir son sépulcre, et voilà qu'on en vit sortir soudain un dragon et le sépulcre fut trouvé tout noirci en dedans, comme s'il avait été consumé. Nous avons vu nous-mêmes ceux des témoins de ce spectacle qui ont vécu jusqu'à notre âge et ils nous ont attesté de leur bouche ce qu'ils avaient vu et entendu.

« Informé de cela, Pépin, fils de Charles, convoqua à Leptines le synode, où présida avec Boniface un légat du Saint-Siège nommé George, et là fit rendre aux églises tout ce qui se pouvait recouvrer des biens ecclésiastiques que son père avait usurpés. »

Que penser d'un synode qui, pour se faire rendre des biens temporels, recourt, de complicité avec le Saint-Siège, à de pareils moyens ? Comment croire que des hommes, capables de telles ruses, se sont fait scrupule de mutiler, tronquer, interpoler les ouvrages qu'eux seuls avaient alors dans les mains ?

Les juges de Jeanne d'Arc l'ont certainement condamnée de bonne foi ; ce jugement fut un crime du temps, non des juges. Ennemis et amis s'accordaient à attribuer une origine surhumaine à cet extraordinaire pouvoir d'entraînement de la Pucelle — pouvoir d'entraînement céleste pour les uns, satanique pour les autres.

L'odieuse ingratitude du roi et de son entourage

s'explique, si elle ne se justifie pas. Jeanne était devenue encombrante. Elle gênait les chefs militaires, humiliés d'être conduits par une femme; elle ne gênait guère moins le haut clergé. Certes Jeanne était une âme religieuse et une bonne catholique; mais se croyant en rapport direct avec le ciel, elle était fort indépendante. L'Église n'aime guère les rapports directs du laïque avec Dieu. Dans les conseils et près du roi, elle n'était pas toujours d'accord avec les autorités ecclésiastiques jouissant d'une grande influence; or elle se croyait, en tout ce qui touchait à sa mission, une autorité supérieure, grâce à ses saintes. Condamnée par le clergé ennemi, elle fut abandonnée par le clergé de son parti. L'Église est vraiment en mauvaise posture, quand elle se propose de la canoniser.

*
* *

Saint Augustin nous fait espérer que ceux qui sont laids en ce monde seront beaux dans l'autre. Il serait, en effet, malséant qu'il y eût trop de culs-de-jatte et de bossus dans la société céleste : « ainsi ceux qui sont trop maigres aussi bien que ceux qui sont trop gros ne doivent nullement appréhender de se trouver, dans le paradis, tels que, si cela était possible, ils ne voudraient pas être même sur la terre. Car la beauté du corps, consistant dans une certaine harmonie des parties, il n'y aura plus de difformité quand ce qui est mal aura été corrigé, et que le Créateur, par les ressources qu'il possède, aura suppléé à ce qui nous manquait, ou enlevé, tout en conservant la totalité de la matière, ce qui était de trop. » (*Cité de Dieu*, SAINT AUGUSTIN). Mais que ferons-nous de notre corps dans le paradis? A quoi bon des organes qui n'ont pas de fonction à remplir? La résurrection des corps réclame une bonne cuisine et des water-closets, — et le reste. Les corps glorieux seront-ils en baudruche? Il faudrait un autre corps que le nôtre pour se nourrir de roses, afin d'expulser des parfums.

*
* *

A l'origine, l'Église fut une société secrète, issue de la synagogue, réunissant, dans une commune adoration, les gentils et les fils d'Israël.

*
* *

Jésus rachetant les hommes par la vertu de son sacrifice, est une idée paulinienne et nullement évangélique. Si saint Paul a propagé le christianisme, c'est en le révolutionnant, et cette transformation n'a pas été heureuse.

*
* *

Cette définition de l'Islam : « L'irrésistible assimilateur des races candides et grossières » se justifie par son extension croissante dans l'Afrique noire.

*
* *

Au Népal, le culte des eaux est très répandu, comme il le fut en Gaule, comme il l'est à la côte occidentale d'Afrique. Plus on étudie la mentalité religieuse des primitifs, plus on constate son uniformité dans les diverses régions du monde.

*
* *

Tous les nègres, dit le général Gallieni, ont un animal qui veille sur la famille : celle-ci, en échange de cette puissante protection, comble de prévenances le lion, l'hippopotame, la gazelle, le léopard, la perdrix... et tout autre individu à deux ou à quatre pattes. C'est le totémisme dans toute sa pureté ; mais, de tous les totems, le serpent est le plus répandu et le plus vénéré. Le noir donnera tout ce qu'il possède pour sauver sa bête patronymique.

Les Betsiléos de Madagascar croient que les esprits des nobles se réfugient dans les corps des gros serpents ; les petits abritent les âmes de la plèbe.

*
* *

Si différentes que soient les races humaines, à leur origine, elles n'en offrent pas moins d'étonnantes ressemblances. En voici un exemple assurément remarquable :

Les étoiles des Gémeaux, Castor et Pollux, étaient pour les Grecs des hommes divinisés et métamorphosés en étoiles. Chez les malheureux Tasmaniens, dont la race a récemment disparu, Castor et Pollux étaient deux noirs transportés au ciel pour avoir inventé le feu.

*
* *

En Australie, de nombreuses tribus croient à la réincarnation des âmes. J'ai constaté l'intensité de cette foi au Cambodge, où elle est la directrice de la vie et le fondement de la morale. C'est la vieille foi druidique, si magistralement exposée dans les Mystères des Bardes.

Si cette foi n'a pas été universelle, elle a du moins été fort répandue.

*
* *

Les tribus australiennes pratiquent la représentation mimée concernant la naissance et le voyage de leurs totems pendant la période mythique ; ce sont leurs Mystères d'Eleusis.

*
* *

La paternité étant la plus haute mission des dieux et des hommes, le culte du phallus, qui en est le symbole naturel, en découle très logiquement.

*
* *

Il est fort naturel que le culte du phallus ait été à peu près universel. Il est bien naturel, le culte de l'organe du plus mystérieux prodige de la nature, prodige pour lequel nous n'aurons jamais assez d'admiration, puisqu'il assure le perpétuel renouvellement de la vie. Autant sont répugnants les actes contre nature, autant est divin l'acte de la reproduction. La candeur a été certainement à l'origine le caractère du phallisme.

*
* *

Il y a originellement deux grandes catégories de dieux : les uns, issus du vieux naturisme, attachés à un objet quelconque, comme l'âme l'est au corps — les autres, issus de l'animisme, errent invisibles dans l'espace.

*
* *

Partout l'homme primitif divinise volontiers l'ouvrage de ses mains. Outre les propriétés inhérentes à sa confection et à son but, il lui en prête d'extraordinaires. Il n'est guère de légende où le héros ne dispose de quelque arme magique, les peuplades maritimes ont des navires enchantés. Au Japon tel sabre de la mythologie se rend de lui-même au temple qu'il a choisi.

C'est un fait bien connu de ceux qui ont étudié la mentalité des primitifs et des non-civilisés, que des populations éloignées, sans relations possibles, ont d'étranges pratiques cultuelles communes. En voici un exemple : Au Guatemala, on mettait une pierre précieuse dans la bouche du mort pour recueillir son dernier soupir ; au Japon, l'empereur Kotokou interdit de déposer, dans la bouche des morts, des perles ou des pierres précieuses.

En Australie, le futur magicien se prépare à l'exercice de ses fonctions par une retraite dans la solitude, forêt ou désert, se soumettant à de longues contemplations, à des jeûnes prolongés, à des macérations de tous genres — par de violents efforts intellectuels, il parvient à l'hallucination et à l'extase.

On ne peut s'empêcher de rapprocher cette retraite de celle de Jésus au désert.

On s'explique très bien pourquoi Cléopâtre, en qualité de reine d'Égypte, choisit pour son suicide la morsure de la vipère haja, appelée *ureus* par les savants et les égyptologues. C'est un des plus beaux animaux de la contrée par l'éclat et la variété de ses couleurs ; il était sacré et le pharaon en portait le nom parmi ses titres — l'empire égyptien, qui allait de la première cataracte à la Méditerranée, était gardé, selon M. Amélineau, à chacune de ses extrémités, par un ureus.

La garde des temples, et par conséquent des villes, leur était confiée.

Les serpents, dit M. Amélineau, étaient considérés comme des protecteurs, parce que leurs corps servaient de réceptacle aux âmes des dieux après leur mort.

*
* *

Entre le premier tombeau memphyte portant le cartouche de la IIIe Dynastie, dit M. Maspéro, et les pierres gravées à Esneh, il s'est écoulé plus de cinq mille ans.

Il est absolument impossible que la religion égyptienne ne se soit pas profondément modifiée pendant cette longue période, d'autant plus que l'Égypte a été maintes fois bouleversée par la conquête.

L'Égypte a marché vers le monothéisme : le dieu de chaque temple était adoré comme le seul vrai dieu, portant un autre nom dans les autres temples où l'on célébrait d'autres rites. Toutefois, cette opinion ne prévalut que dans les classes éclairées, la masse resta fidèle à l'existence individuelle des différents dieux. Le salaire des prêtres était payé en pain et en bière.

Osiris remplissait les fonctions de juge des morts ; ainsi voyons-nous, peint dans un cercueil, un balayeur, son balai à la main, se présentant devant Osiris pour être jugé.

Les croyances égyptiennes sur la vie posthume sont extrêmement compliquées et discordantes. La logique et la concordance sont ce qui préoccupe le moins le croyant. Une de ces croyances (jadis répandue en tous pays et dont on trouve la trace dans les coutumes les plus modernes) est celle d'une vie confuse et mal déterminée dans la tombe. On en voit un exemple dans le fait de la princesse Karamaït, ouvrant son cercueil pour saluer les dieux à propos d'une donation funéraire. Karamaït, agenouillée, soutient avec sa tête le couvercle du coffre où elle a été enfermée après sa mort.

Les Égyptiens ont évolué comme les autres peuples. Horus, avant de devenir la personnification du ciel, fut un simple faucon.

Les Mystères d'Éleusis, comme l'a démontré

M. Foucart, ont leur origine en Égypte. Osiris et Dyonisos sont, en effet, tous deux traîtreusement mis en pièces en un même nombre de morceaux. Déméter cherche à rassembler les débris épars de Dyonisos, comme Isis ceux d'Osiris, et les deux dieux reviennent à la vie, lorsque leurs membres sont réunis.

*
* *

Au Japon la déesse Nourriture ne s'occupe pas seulement des céréales, mais aussi de l'habitation et du vêtement.

Les trois fétiches impériaux sont : le miroir divin, le sabre de Szanôo et le joyau sacré, dons d'Amatéras, la déesse Soleil, à son petit-fils, ancêtre du Mikado.

La dynastie de l'empire du Soleil levant est bien la maison régnante la plus ancienne de l'univers.

Le miroir divin fit reparaître Amatéras lors de l'éclipse mythique, le sabre est celui que le terrible dieu des cyclones offrit à la déesse Soleil en le retirant tout sanglant du corps monstrueux du serpent Koshi ; le joyau sacré est gardé par un fonctionnaire spécial qui accompagne toujours l'empereur.

Au Japon, on suit très bien la série : amulette, talisman, fétiche, idole qui aboutit à l'idolâtrie de la photographie de l'empereur, devant laquelle,

par décret de 1892, on est tenu au salut religieux.
Pour le lettré, c'est un simple acte de loyalisme ;
pour les masses, c'est de la très sérieuse idolâtrie.
C'est l'adoration du dieu vivant.

Bouddha trouva vivante autour de lui la théorie
du Karman, base de la mentalité hindoue ; il
n'échappa point à l'influence du milieu dans lequel
il naquit et se développa. Il l'accepta parce qu'elle
répondait à ses préoccupations morales. Il ne se
demanda pas si le Karman s'harmonisait avec
sa foi. Preuve, une fois de plus, du peu d'importance de la logique dans la sphère religieuse, parce
que celle-ci ne connaît vraiment d'autre logique
que la logique du sentiment.

D'après Platon, « la nature humaine était primi-
tivement différente de ce qu'elle est aujourd'hui...
ces hommes étaient de figure ronde, avaient les
épaules et les côtes attachées ensemble, quatre
bras, quatre jambes, deux visages opposés sem-
blables sortant d'un seul cou ».

Ils avaient les deux sexes.

Ces androgynes ayant voulu escalader l'Olympe,

Jupiter les coupa en deux. Apollon guérit leurs plaies, mais les deux moitiés se recherchent avec ardeur et dépérissent.

Jupiter mit fin à leur supplice par une nouvelle disposition des sexes.

« Voilà comment l'amour est si naturel à l'homme. L'amour nous ramène à notre nature primitive et, deux êtres n'en faisant qu'un, rétablit en quelque sorte la nature humaine dans son ancienne perfection. Chacun de nous n'est qu'une moitié d'homme, moitié qui a été séparée de son tout ; ces deux moitiés cherchent toujours l'autre moitié. »

*
* *

Si le polythéisme grec a été trop souvent, pour la masse, une religion de superstition et d'obscénité, on ne peut nier qu'il s'est allié, chez les grandes intelligences, à nos plus hautes conceptions sur la Divinité.

« Dieu étant *un* reçoit cependant des noms divers, tirés des diverses manifestations que nous apercevons en lui. Nous l'appelons Jupiter et Dieu, confondant ensemble deux dénominations qui, en effet, peuvent être employées indifféremment, puisque toutes deux signifient celui par qui nous vivons. »

(ARISTOTE, *Du Monde.*)

« Dieu est une intelligence infinie qui remplit l'univers de ses rapides pensées. »

(EMPÉDOCLE.)

« On appelle l'Être Suprême tantôt Dieu, tantôt Jupiter, et ces deux noms expriment parfaitement la nature de Dieu. En effet, quel être mérite mieux d'être appelé *Source de vie* que celui qui est le principe même et l'arbitre souverain de tous les êtres. »

(PLATON, CRATYLE.)

« Il n'y a qu'un seul Dieu qui a créé le ciel et la terre, et la mer azurée et l'océan de l'air. Mais, dans son aveuglement, la race des mortels, pour aider sa faiblesse, s'est forgé des simulacres de dieux, faits de pierre ou de bois, ou d'or ou de la dent des animaux ; nous leur consacrons le sang des victimes, nous leur dédions les jours de fête et nous appelons cela religion. »

(SOPHOCLE.)

« Jupiter, le dieu qui commande la foudre, réunit en lui tous les dieux. Jupiter est le premier et le dernier, le commencement et le centre de tout ; rien n'a été fait sans Jupiter. Jupiter est le père et la mère immortels de la nature ; la terre et le ciel étoilé n'ont pas d'autre source que Jupiter. Jupiter est le souffle qui anime le monde, l'âme de feu qui se répand partout. »

(ORPHÉE.)

« Père des dieux, Dieu souverain sous des noms divers et qui règnes seul, tout-puissant, immuable Jupiter, source de la nature, loi suprême de l'univers, je te salue... »

(Prière de Cléanthe.)

Non seulement l'idée d'un Dieu unique est exprimée dans Platon, mais encore la théorie du Verbe :

« Le Verbe très divin a arrangé et rendu visible l'univers. Celui qui est bienheureux admire premièrement ce Verbe et, après cela, est enflammé du désir d'apprendre tout ce qui peut être connu par une nature mortelle, persuadé que c'est ici-bas le seul moyen de mener une vie heureuse et d'aller, après sa mort, dans les lieux destinés à la vertu, où, véritablement initié et uni avec la sagesse, il jouit toujours des visions les plus admirables. »

En somme, les Juifs ignoraient la doctrine du Verbe, professée déjà chez les Brahmanes, les Chinois (Taoïsme) et les Grecs.

*
* *

Rien de moins religieux que la théologie ; la religion est chose d'imagination et de sentiment et n'a rien de commun avec la raison et la métaphysique.

*
* *

On n'adore ni les talismans, ni les amulettes, on adore les fétiches. Les fétiches renferment un esprit ; les amulettes et les talismans sont des objets inertes, doués de propriétés merveilleuses.

Quand l'amulette ou le talisman ont servi à des personnalités marquantes, il leur arrive de monter à la dignité de fétiche local ou même national. Ainsi arriva-t-il au miroir d'Amatéras, qui a son temple à Icé, ou au sabre de Szannoô, qui a son temple à Atsouta.

Les fétiches sont souvent de esprits incorporés dans un objet naturel, désigné par l'étrangeté de sa forme, ou dans un objet quelconque ayant joué un rôle dans un événement plus ou moins important.

*
* *

Le sabre bien-aimé qui sauva son possesseur dans les combats ou lui conquit la renommée, devient pour lui un objet magique ; et si ce possesseur appartient à une famille illustre de prêtres ou de guerriers, son sabre prendra le chemin du temple.

* *

La croyance aux métamorphoses a été générale. On la retrouve dans les poésies scandinaves, chez les Grecs, dans le Centre africain. Elle joue un rôle considérable dans le vieux Shinnto : un exemple bizarre, cité par M. Michel Revon, est celui d'une jeune princesse métamorphosée en peigne que son sauveur se pique dans les cheveux.

Jupiter se transforme en aigle ou en taureau ; au Japon des dieux se transforment en cormoran, en daim blanc, en serpents... un roseau engendre de grandes divinités. Dans l'Ouest africain, des esprits prennent la forme de crocodiles.

La métamorphose est une conséquence de l'animisme, en vertu duquel tout objet renferme un esprit — plus tard cet esprit est doué de la faculté de se déplacer, de passer d'un objet dans un autre.

L'animisme, le fétichisme, la métamorphose sont intimement liés dans l'âme primitive.

La métamorphose est le pressentiment de cette vérité scientifique : la nature est une perpétuelle métamorphose de la matière, sous l'action de ces deux agents : la vie et la mort. Nous sommes construits de la poussière des morts.

*
* *

Tout objet insolite provoque l'adoration du primitif ; exemple : selon M. Michel Revon, les bonnes gens de la campagne japonaise, voyant pour la première fois une maison construite à l'européenne, lui font l'offrande religieuse d'un liard.

*
* *

Il semble bien que les grands hommes, notamment les inventeurs des premiers arts, ont été, à l'aurore de l'humanité, élevés à la dignité de dieux. Ma génération a pu voir, dans son enfance, un véritable culte de Napoléon; j'ai connu des gens pour lesquels, s'il n'était pas un dieu, il ne s'en fallait guère. D'après toutes les mythologies, l'adoration de l'homme par l'homme est un fait des plus naturels. Nous en avons d'ailleurs un exemple sous les yeux dans la personne du Mikado. Naguère encore, il était, pour tous, le dieu *vivant*, le dieu *incarné* et il l'est encore pour la masse : la photographie de l'empereur est une véritable idole devant laquelle, par décret de 1892, on défile dans les écoles en faisant le salut religieux.

Les grands sorciers deviennent des dieux. Le dieu Sourcier du Japon a sans doute été un personnage réel et, dans les temples renommés, les hauts personnages du sacerdoce sont encore considérés comme des dieux.

*
* *

Au Japon, suivant M. Michel Revon, la race

conquérante, descendue du ciel, se croit la vraie race des dieux.

*
* *

A la côte d'Afrique, il y a les amulettes contre les requins, les balles... Au Japon, dit M. Revon, les prêtres les vendent par millions. On les voit au côté des enfants, à la ceinture des femmes, sur les murs des maisons où elles protègent contre l'incendie, la foudre, les épidémies...

On peut ranger le scapulaire parmi les amulettes, c'est une survivance des temps préhistoriques.

Quand j'avais une douzaine d'années, je dénichai, dans les fatras d'une bibliothèque, un très vieux livre de dévotion, entre les feuillets duquel je trouvai, sur un bout de parchemin jauni, une prière écrite à la main qu'il suffisait de porter sur soi pour éviter la damnation. J'en fis mon amulette. Grâce à elle, je commis pas mal d'imprudences ; convaincu de sa vertu, je ne craignais plus rien.

Ce petit fait montre combien l'enfant et le primitif se touchent de près.

*
* *

Il semble bien que le totémisme a été général en Afrique et que M. Amélineau est fondé à soutenir que la primitive Égypte passa par cette phase religieuse où la part faite aux serpents fut considérable.

En Égypte, les serpents étaient regardés comme des dieux, on voyait en eux des protecteurs, parce qu'ils recélaient les âmes des dieux morts. Dès le temps où furent employés les textes des Pyramides, dit M. Amélineau, c'est-à-dire dès le quatrième millénaire et plus avant encore, on connaissait si bien les noms et les attributions des serpents qu'il suffisait d'une allusion pour être compris du lecteur.

Au Népal — où le Brahmanisme et le Bouddhisme ont fini par se mélanger — les doyens du personnel religieux sont les serpents. Leur culte remonte à l'époque préhistorique. Aujourd'hui les nagas sont surtout les gardiens des trésors. Dans les grandes sécheresses, on les invoque pour faire tomber la pluie.

*
* *

Quand la grande doctrine bouddhiste vint se superposer au vieux Shinnto du Japon, d'après M. Revon, un bloc de camphrier vint s'échouer sur la grève, illuminant la mer de son mystérieux éclat, tandis qu'on entendait au loin, dominant le bruit des vagues et retentissant comme un roulement de foudre, les voix d'un chœur bouddhiste qui chantait sur la mer.

Et, dans ce camphrier mystérieux, on sculpta des statues d'idoles.

*
* *

Au Mexique, on mettait près du cadavre une perle pour lui servir d'âme.

La mort, pour nous implacable niveleuse, est une grande aristocrate pour les primitifs. La religion n'a que très tard le sentiment de la justice. Il n'y a dans le premier au-delà aucune rémunération de la vie actuelle ; la vie présente se prolonge telle quelle dans l'autre monde. Sur la côte d'Afrique, par exemple, le chef est chef et l'esclave est esclave, après la mort, comme pendant la vie terrestre. De là le sacrifice des serviteurs qui doivent accompagner leur maître défunt.

Chez les Slaves, les funérailles d'un jeune chef étaient accompagnées de cérémonies nuptiales ; on lui donnait une épouse pour l'autre monde. En 922, chez les Bulgares du Volga, on immola une jeune fille dans ce but à la suite et au milieu de rites ayant tous les caractères du mariage.

*
* *

La croyance à la multiplicité de l'âme règne chez les fétichistes de la côte occidentale d'Afrique. Il en était de même en Égypte, où l'âme était matérielle et quadruple. Elle comprend l'*ombre*, le *double*, le *ba* et le *Kou* qui, selon M. Amélineau, n'ont pas de correspondant dans notre langue.

Le double des Égyptiens était semblable au corps du vivant, aussi pouvait-il s'incarner dans une statue ressemblant à ce corps. Les artistes, en vertu de cette idée, s'appliquaient à copier le plus exactement possible la personne décédée. Mais ce double confectionné, dans lequel les cérémonies funéraires avaient fait passer le double du vivant, était lui-même sujet à la mort. Cependant les prêtres, qui avaient donné la vie à la statue, pouvaient aussi la conserver ; mais, bien entendu, ils entendaient tirer profit de leur industrie. Faire vivre son double n'était pas à la portée de toutes les bourses. On peut donc dire à la rigueur que l'immense majorité des Égyptiens n'avait point d'âme ou, du moins, d'âme immortelle et complète. Suivant M. Amélineau, cette opinion, modifiée par le temps, s'est conservée en Égypte où la masse, notamment les femmes, passe pour n'avoir point d'âme.

L'ombre et le double ne suffirent pas longtemps aux premiers métaphysiciens de l'Égypte ; ils conçurent une âme plus légère, avec un corps d'oiseau muni de la tête de l'humain qu'elle avait animé, afin d'être reconnaissable.

*
* *

C'est un fait singulier, mais des documents aztèques ne nous laissent guère de doute à ce sujet : la Trinité, objet de l'adoration américaine, eut pour origine les trois dimensions de l'espace.

*
* *

M. Roscher a consacré un travail très documenté à la détermination de l'origine de la semaine, et il a démontré que cette origine était aussi grecque que sémitique. On n'en peut être surpris : rien de plus logique que cette mesure du temps, qui découle des phases de la lune. La lune a rendu aux primitifs cet inappréciable service de jouer le rôle de mesureuse du temps. Le mois a d'abord été le mois lunaire, très naturellement divisé en lune croissante et lune décroissante ; puis vient la division si frappante par quartiers, grossièrement égaux à la semaine dont ils donnèrent sans doute l'idée.

La lune a été adorée à peu près partout. Au Japon, elle fut un dieu mâle, tandis que le soleil (ancêtre du Mikado) fut la grande déesse Amatéras.

Dans le Druidisme, elle préside à la grande solennité de la cueillette du gui sacré.

Dans toutes les religions primitives, elle joue un rôle prépondérant, à titre de bienfaitrice, en dissipant ces ténèbres dont le primitif a peur et horreur.

La détermination, même approximative, de l'année solaire exige des facultés d'observation déjà développées. Après la découverte des plantes alimentaires, l'année fut bien plus fixée par leur récolte que par le cycle solaire. Là où l'on se nourrit d'ignames, comme dans la Polynésie, on compte le temps par ignames et l'on dit d'un homme : il est âgé de tant d'ignames.

Dieu sera d'abord lascif et adultère avec Jupiter, ivrogne avec Bacchus, sanguinaire avec Mars, impitoyable avec les Euménides ; il copule avec la race humaine et en a des rejetons.

Bien que Jahvé, le dieu des Juifs antérieur aux grands prophètes, laisse beaucoup à désirer, il est sensiblement supérieur aux dieux polythéistes.

Les Stoïciens ne pouvaient accepter l'Olympe vulgaire, aussi tentèrent-ils de l'expliquer. Pour eux, Zeus représente la vie universelle ; Poséidon et son cortège représentent les eaux, mer et fleuves ; Héra, c'est l'air ; Héphaïstos, le feu terrestre ; Apollon, le soleil. Déméter est la personnification de la terre nourricière ; Perséphone, la personnification des phénomènes de la végétation.

L'empereur Auguste, nous apprend Philon, fonda des sacrifices perpétuels au temple de Jérusalem, jugeant qu'il devait y avoir, sur la terre, un lieu consacré au Dieu invisible. L'impératrice Livie décora le temple de riches offrandes et de coupes d'or, sa belle intelligence ne voyait dans le monde sensible que le symbole de l'intelligible.

*
* *

Horus, le faucon, n'était pas le seul dieu des conquérants de l'Égypte, mais il était le plus honoré. Il figurait sur les enseignes. Après viennent Apouatou (le chacal), la vipère et d'autres animaux.

Le culte des animaux est beaucoup plus naturel qu'il ne semble maintenant.

L'animal est conduit par l'instinct, qui a toutes les apparences de l'infaillibilité. L'animal n'hésite pas. Il sait ce qu'il veut et va droit au but. Ce qu'il a à faire, il le fait sans erreur. Le faucon, le chacal, la vipère avaient tout le caractère d'êtres mystérieux. Pour la recherche des moyens de subsistance (ce qui est la grande préoccupation du primitif), l'animal est remarquablement supérieur à l'homme. L'instinct (mystère que le darwinisme n'a guère éclairci) avait pour les premiers humains un caractère étrange et provoquait en eux l'admiration, le respect, la crainte, mère des dieux.

Apouatou, le chacal, deviendra Osiris.

Quand l'anthropomorphisme (progrès considérable) l'emportera sur la zoolâtrie, Horus prendra une forme humaine avec une tête de faucon.

Telle est à l'origine cette religion égyptienne (si extraordinairement compliquée dans sa pleine floraison) qui devait tenir une si grande place dans la vie nationale par ses temples majestueux et ses grandioses cérémonies.

La critique n'a pu encore élucider ce point important des origines chrétiennes : l'opinion de Jésus sur la loi.

Au « printemps galiléen », il dit d'abord fort nettement : « Je ne suis pas venu abolir la loi, mais l'accomplir. » A propos du divorce, il dira non moins nettement le contraire, se déclarant supérieur à la loi et affirmant son droit de l'abroger.

Les synoptiques sont fort obscurs en cette matière. Cependant leur lecture nous communique l'impression suivante : à ses débuts, Jésus ne songea d'abord qu'à spiritualiser la loi, puis peu à peu il en vint à l'abolir.

Mais comment expliquer la tendance judéo-chrétienne de l'Église primitive ? tendance assez accusée pour donner à M. Hyacinthe Loyson le droit de dire : « Jésus était juif et voulut rester juif. »

Doit-on attribuer le judaïsme des premiers chrétiens (contre lequel lutta si énergiquement saint Paul) au peu de génie des apôtres, ramenés instinctivement à la religion de leur jeunesse et de leur milieu quand le Maître ne fut plus là ? C'est à la fois une question fort grave et fort peu claire.

*
* *

Il est vraiment étrange que l'on ait osé nier l'existence de Jésus-Christ.

Si les témoignages des non-chrétiens ne nous apprennent rien ni sur sa personne ni sur son rôle, ils attestent formellement qu'un certain fondateur de secte, du nom de Jésus-Christ, a été crucifié en Palestine sous le procurateur Ponce-Pilate.

*
* *

Les évangiles nous renseignent assez mal sur la vie de Jésus ; en revanche, nous y trouvons sa prédication marquée d'un caractère incontestable d'authenticité. Nous pouvons aussi nous rendre compte de la profondeur de l'impression qu'il produisit sur ses adeptes et sur les foules. Nous connaissons aussi des faits certains, entre autres des faits de guérison. On peut l'affirmer avec certitude : Jésus jouissait d'un extraordinaire pouvoir de suggestion qu'il tenait de sa haute nature. Il a très certainement opéré des guérisons de maladies nerveuses (comme d'autres rabbis d'ailleurs) et très certainement aussi il croyait tenir ce pouvoir de Dieu.

*
* *

Quand il quitta Nazareth, Jésus, nourri de la moelle des psaumes et des prophètes, était un juif d'une piété profonde, une âme pure en communication intime avec Dieu.

*
* *

Le récit de la tentation est capital. Sans doute, elle n'eut pas lieu sous la forme mythique que lui donnent les évangiles, mais elle nous peint très bien l'état d'âme de Jésus à certain moment de son ministère.

Satan ne lui a pas offert la possession des royaumes de la terre ; mais Jésus a dû éprouver la tentation du pouvoir temporel.

Serait-il roi ? un roi disposant souverainement des hommes et des choses ? Établirait-il son royaume par la politique et la violence ? Là fut la grande tentation à laquelle il résista. Il disposait des foules, qu'en ferait-il ? Après une lutte intérieure, peut-être longue et pénible, il prit la résolution définitive de fonder le royaume de Dieu, par la prédication, la douceur, le rejet de toute action politique, de tout recours à la force. La volonté d'arriver loyalement au but par la seule persuasion est bien sienne ; son souverain mépris pour tout autre moyen est le plus beau côté de son génie. A la fin, il n'eut foi que dans le martyre.

*
* *

Les masses attachaient une grande importance à ses guérisons, mais c'est sa prédication qui nous le fait connaître. Il fut d'abord un simple rabbi, comme on en voyait beaucoup, mais, selon l'expression de Renan, « le plus charmant de tous ». Ce fut un grand charmeur et un puissant entraîneur d'hommes.

*
* *

La première condition pour être guéri était de croire en lui. Les pharisiens ne niaient pas ses guérisons, mais les attribuaient à Belzébub ; leurs disciples en opéraient aussi. Sur des réalités extraordinaires, miraculeuses pour le temps, la légende broda les récits évangéliques, s'enrichissant en passant de bouche en bouche.

Parfois des paraboles, comme la multiplication

des pains et la malédiction du figuier, ont été transformées en miracles.

*\
* *

Jésus a toujours tenté ses guérisons (il échoua à Nazareth) par compassion, par amour du prochain, jamais par ostentation.

Sans doute, il éprouva d'autres échecs que ceux de Nazareth ; mais il est dans la nature de l'homme de ne prendre en considération que ce qui confirme ses idées et de ne tenir aucun compte de ce qui les contrarie. Tous ses échecs furent attribués à l'insuffisance de foi de l'opéré et considérés comme non avenus.

On peut inférer de divers passages que Jésus n'attribua jamais autant d'importance à ses guérisons qu'à sa prédication, son œuvre réelle.

*\
* *

Il débuta, comme Jean, par fonder une école, dans laquelle il choisit douze assesseurs auxquels il donna le nom d'apôtres ; parmi eux, Pierre, Jacques et Jean jouèrent un rôle prépondérant. Des femmes enthousiastes le suivaient : en première ligne Marie-Madeleine, puis Jeanne, femme de Chuza, Salomé, Suzanne... Elles furent fidèles jusqu'à la fin, tandis que les disciples les plus chers fuyaient en Galilée.

*
* *

Jésus pensa d'abord que sa prédication suffirait pour l'établissement du Royaume; quand « le printemps galiléen » fut passé, il crut à une intervention divine. Puis, quand il fut convaincu que la mort le guettait, il s'exalta dans la ferme espérance de son prochain retour sur les nuées du ciel.

*
* *

Les évangiles nous exposent plus d'une variation dans la pensée de Jésus. Il en est une fort importante : tantôt Jésus est étroitement particulariste et ne se préoccupe que des brebis d'Israël, tantôt il est largement universaliste. Sa doctrine du Dieu-Père est d'ailleurs forcément universaliste. Ces contradictions appartiennent-elles au Maître ou aux rédacteurs des documents ? Peut-être, selon les circonstances et les besoins changeants de son ministère, fut-il entraîné au particularisme, quoique l'universalisme fût seul conforme à sa pensée.

*
* *

Certainement, il ne songea d'abord qu'à spiri-

tualiser la loi, à substituer l'esprit à la lettre —
puis il affirma la supériorité des commandements
moraux, déclarant les autres inférieurs et finale-
ment nuls.

*
* *

En somme, les premiers chrétiens (qui ne portaient pas encore ce nom) entendirent bien rester
juifs, tout en reconnaissant Jésus pour Messie.

*
* *

Il est très difficile, avec les documents que nous
possédons, de discerner le moment où Jésus se
reconnut Messie. Aussi les critiques sont-ils en
désaccord sur ce point. Nous savons seulement
qu'il n'arbora ce titre qu'à la proclamation de Césarée devant ses seuls disciples, auxquels il imposa
le secret. Sur le chemin de Césarée, il comprit bien
qu'il n'avait plus qu'à se déclarer Messie devant le
peuple d'Israël ou à mourir s'il n'était accepté
comme tel. Avec cette conviction, et sans grande
illusion sur le résultat final, il se rendit à Jérusalem où il fit son entrée triomphale.

La lutte fut courte : l'expulsion des marchands
du temple, ses discussions avec les sadducéens et
les pharisiens exaspérèrent ses ennemis. Il comprit

bien que sa mort était décidée — il l'exprima nettement dans le banquet du 14 nisan qui fut le banquet d'adieu. Le pain qu'il venait de rompre lui
sembla l'image de son corps brisé et le vin l'image
de son sang qu'il allait répandre.

Plus il se sentait près de la mort, plus il était
convaincu de son prochain retour. Les synoptiques
ne laissent à ce sujet aucun doute.

Devant le souverain sacrificateur Caïphe, sur ses
propres aveux, il fut condamné comme blasphé-
mateur pour s'être déclaré Messie.

Quant au peuple, qui l'avait accueilli d'abord
avec enthousiasme, croyant trouver en lui le Messie
temporel attendu, il n'eut que du dédain pour ce
Messie spirituel qu'il ne comprenait pas — et ne
vit plus en lui qu'un imposteur digne du dernier
supplice — illustre victime entre toutes celles qui
expièrent une erreur populaire — car le peuple ne
pardonne jamais de s'être trompé.

*
* *

On peut très bien nier la divinité de Jésus-Christ
et néanmoins le juger digne d'un culte.

Le Dieu transcendant de l'univers laisse sans
doute à chacun des divers mondes la liberté de se
créer les dieux qui leur conviennent.

*
* *

Les synoptiques nous mo..trent bien Jésus comme ayant avec Dieu des rapports particuliers et supérieurs à ceux des autres hommes (et je ne vois, en vérité, aucune bonne raison pour le nier), mais ils ne nous le présentent pas comme étant Dieu.

*
* *

Jusqu'à la proclamation sur la route de Césarée de Philippe, Jésus ne s'était point prononcé nettement sur son titre de Messie. Il ne l'avait ni adopté ni refusé. A ce moment solennel, il l'accepte de ses disciples sous le sceau du secret. Ce n'est qu'à l'entrée triomphale de Jérusalem qu'il se présenta publiquement comme Messie.

*
* *

Comme Bouddha, Jésus est obsédé par le spectacle de la souffrance et travaillé par la pitié. Devant ces scènes terrifiantes, il n'en a pas moins affirmé la doctrine du Dieu-Père, contradiction flagrante assurément. Et l'humanité a accepté cette contradiction flagrante, parce qu'elle y a trouvé une immense consolation.

Comme Mahomet, Jésus affirme Dieu avec la sereine obstination d'une foi inébranlable; mais, à l'inverse du prophète, il laisse en arrière-plan la

Toute-Puissance pour mettre en pleine lumière la Bonté.

C'est étrange, mais c'est bien le tragique spectacle de la souffrance humaine qui a inspiré le besoin d'un Dieu de bonté — parce que la foi en un Dieu bon, et par suite secourable, conduit à la prière et que la prière est une force — contradiction entre le sentiment et la raison, lequel a raison?

Le sentiment dit pour sa défense : la raison s'agite dans le monde des phénomènes et moi je prétends vivre dans le monde de la suprême réalité.

*
* *

A ses débuts, le Christianisme, fidèle à l'enseignement de Jésus, se borna à être une religion de sentiment; ce n'est que sous l'effort grec qu'il tenta d'être logique.

Ce qui a fait la force de Jésus, c'est qu'il s'adressa toujours au cœur.

*
* *

A mesure que les Églises s'étiolent, la doctrine de Jésus s'étend en se laïcisant.

*
* *

On sent bien l'esprit de Jésus dans les Évangiles, mais on sent bien aussi que l'Évangile ne renferme pas tout son esprit.

*
* *

Jésus n'a pas fondé d'Église, son œuvre a été d'apporter au monde son esprit nouveau.

*
* *

Jésus n'a rien organisé ; il n'a pas été (heureusement !) un organisateur, ni un législateur comme Moïse ou Mahomet. Il n'a rien écrit, il n'a rien formulé. Avec le temps, ses institutions se seraient effritées. Son esprit de pardon, de douceur et de bonté règne dans le monde en perpétuelle jeunesse. Ce qu'il y a de bon dans l'âme de l'athée (certains athées ont été de véritables saints), sans qu'il s'en doute, c'est l'esprit de Jésus. Si l'on se conforme à son esprit, on a le droit de se dire son disciple, en croyant ce qui plaît.

Jésus n'est jamais embarrassé par les finasseries des pharisiens, il répond toujours avec une conscience droite.

Jésus est une conscience — il est la vivante conscience humaine dans toute sa pureté.

Quel autre homme que Jésus aurait pu dire : « Qui de vous me convaincra de péché ? »

A-t-on eu si grand tort de le diviniser ?

*
**

Jésus n'est ni un théoricien, ni un philosophe ; c'est une belle âme qui s'épanche.

*
**

Jésus nous donne le spectacle d'une complète union avec Dieu ; c'est là sa caractéristique.

Jésus n'est pas un doctrinaire, il est un exemple.

*
**

Il ne faut pas voir seulement en Jésus un homme plus ou moins historique ; il faut voir en lui un vivant sur lequel l'humanité a bâti son idéal. Il faut voir en lui, outre sa personne, la plus belle création du cœur humain.

Le Jésus devant lequel nous nous inclinons a sûrement vécu, mais il est de plus un idéal né de la conscience humaine. Aussi est-ce un devoir, pour chacun de nous, de se faire son propre christ avec la légende sacrée.

Jésus fut un puissant entraîneur d'âmes, mais il ne fut rien moins qu'un intellectuel. Toujours il s'adresse au cœur, parce qu'il tire tout de son propre cœur. Il y trouve ces réponses exquises (exemple : la femme adultère) où l'on ne sait ce qu'on admire le plus, de la finesse, de la délicatesse ou de la bonté.

C'est l'épanchement d'une âme sublime, empreinte de l'innocente ignorance des paysans et des pêcheurs de Galilée.

C'est un parfum exquis, enfermé dans un vase de matière grossière. Il n'eût eu d'ailleurs aucune prise sur les hommes de son pays et de son temps, s'il n'avait partagé plus ou moins leurs idées.

Les grands conciles, avec leurs subtilités grecques, la hiérarchie romaine, avec son ritualisme magique, ont étouffé l'esprit de l'Évangile.

Dans l'Évangile, nulle trace de cléricalisme, nulle trace de la division de la société en prêtres et en laïques.

Sans doute, Jésus avait en vue une société éminemment religieuse, mais toute laïque.

« Il (Jésus) serait perdu dans la foule des grandes âmes inconnues, les meilleures de toutes. »

(RENAN.)

La meilleure partie de l'humanité vit de l'esprit de Jésus et, sans doute, un jour viendra où l'humanité entière vivra de son esprit.

Un jour viendra où Jésus sera l'âme de l'humanité.

En ce sens, la résurrection est un fait.

Mais les grandes âmes inconnues, *les meilleures de toutes,* après avoir passé inaperçues, s'évanouissent-elles comme une vaine fumée ?

La croix de bois, dit M. Arthur Meyer dans *le Gaulois,* a fait le tour du monde, tandis que la croix d'or pectorale ne fait que le tour de l'Église.

C'est que la croix de bois, c'est l'Évangile ; et que la croix d'or pectorale, c'est la pompe religieuse empruntée aux païens.

Jésus, dit excellemment M. Hyacinthe Loyson, n'a jamais voulu se substituer au Père, mais seulement nous conduire à lui.

Dans mes lectures des Évangiles, une des paroles

de Jésus qui m'ont le plus frappé est celle-ci : « Qui de vous me convaincra de péché ? »

D'après nos documents, en effet, la figure de Jésus apparaît comme parfaitement sainte et pure. Il vit de l'amour de Dieu par et pour l'humanité ; un tel idéal n'a pu être créé, et encore moins appliqué, par un homme comme un autre.

*
* *

La parabole du bon Samaritain est bien catégorique ; c'est l'amour du prochain, et non la croyance, qui unit les hommes.

*
* *

En politique, la parole la plus importante qui ait été prononcée dans le monde et dans l'histoire, c'est bien la parole du denier de César.

Par la séparation formelle du domaine religieux et du gouvernement temporel (objet de son parfait dédain), Jésus s'est montré le plus révolutionnaire des révolutionnaires.

Que le christianisme se soit montré infidèle à la pensée du maître, c'est certain ; mais la religion d'État, telle que la comprenaient le judaïsme et le polythéisme, n'en fut pas moins sérieusement atteinte.

Le grain semé par Jésus a germé pendant mille neuf cents ans ; aujourd'hui, il sort de terre.

*
* *

Ce qui démontre l'extraordinaire impression produite par Jésus sur ses disciples, c'est qu'ils n'ont pu admettre sa mort, c'est qu'ils ont cru fermement à sa résurrection. Ils l'ont revu après sa mort, dans des hallucinations qui, pour eux, ont été des réalités. Sans la foi absolue des disciples dans la résurrection, le christianisme n'eût jamais été fondé.

S'être fait aimer au point de faire considérer sa mort comme impossible, démontre irréfutablement la prodigieuse supériorité de Jésus.

D'ailleurs les apôtres, élevés par le maître à la plus haute valeur morale, étaient des gens simples, préparés par leurs croyances et celles de leur milieu à l'idée d'une résurrection qui leur sembla toute naturelle.

Pour que l'entourage du Maître aimé ait cru le revoir, il faut qu'il ait produit sur eux, pendant sa vie, l'impression d'un être surhumain.

Voici donc ce que nous devons admettre :

Jamais le christianisme ne se fût fondé sans là foi la plus absolue dans la résurrection de Jésus.

Très certainement des illuminés l'ont revu,

Le fait ne peut s'expliquer que par une prise de possession complète de leurs âmes — il faut qu'ils l'aient considéré comme un être surhumain n'ayant de l'homme que l'enveloppe corporelle.

Si la foi des disciples dans la résurrection est un fait indubitable, les contradictions dans les récits des livres sacrés autorisent pleinement à considérer les détails sur les diverses apparitions comme de purs produits de la légende.

*
* *

Jésus n'a pas de système, mais son enseignement n'en a pas moins une véritable unité. Cette unité repose sur sa conception du Père céleste; tout son enseignement en est pénétré.

Le plus important des dons du Père céleste est le pardon; Dieu pardonne au repentir sans intermédiaire entre lui et sa créature.

*
* *

Jésus envisage idéalement les questions morales et n'admet pas de compromis. Par exemple, il flétrira le divorce, et il a mille fois raison, parce que son enseignement a pour but de nous offrir un idéal; et, quand des gens se marient, ils doivent avoir en leur cœur l'idéal chrétien.

Bien des unions illégales se contractent — et subsistent — avec l'idéal chrétien dans le cœur; pour qui n'est pas infecté de pharisaïsme, plus d'une union illégitime est vraiment chrétienne. C'est la constance dans l'affection et la loyauté dans les relations qui sont le vrai sacrement.

Quels sont les amoureux qui n'échangent pas de serments? Ceux qui les tiennent sont en cela chrétiens; ceux qui les brisent, en dépit de l'Église et de la mairie, cessent d'appartenir à la vraie chrétienté. C'est l'union libre et volontaire consacrée par le temps qui fait la dignité du mariage.

Autre est la question morale, autre la question pratique. Si moralement la fidélité au serment suffit — pratiquement le mariage civil est nécessaire.

Moralement, l'oubli du serment est une des actions les plus odieuses et les plus infâmes.

Le but de la religion est de nous offrir un grand idéal; elle n'a pas à transiger avec nos faiblesses, nos passions et nos vices.

La loi, au contraire, est contrainte de traiter avec les tristes réalités. Le divorce est une nécessité légale — le mariage chrétien indissoluble n'en est pas moins le seul conforme à la dignité humaine.

****

Jésus a trouvé chez son peuple l'idée messianique ; il l'a transformée en la dégageant de l'idée politique qu'elle contenait.

C'est sûrement une des choses auxquelles Jésus s'attacha le plus particulièrement : séparer la religion de la politique. Et tel est bien le sens d'une de ses paroles favorites : « Mon royaume n'est pas de ce monde. »

*
**

La théologie n'est pas le principe vivant de la religion, chose toute d'intuition et de volonté. Ce sont les prophètes, les apôtres, les poètes, les hommes de dévouement, les cœurs altérés de vie intérieure et tout simplement les hommes de bonne volonté qui font vivre le christianisme.

*
**

Le christianisme sentimental succède au christianisme théologique — il est une religion vivante qui se manifeste par des œuvres de charité et de solidarité.

Nancy, impr. Berger-Levrault et Cie

BIBLIOTHEQUE NATIONALE DE FRANCE
3 7531 01419066 5